STEFAN WEBER

1007 BGB – Prozessuale Regelungen im materiell-rechtlichen Gewand

Schriften zum Bürgerlichen Recht

Band 111

§ 1007 BGB – Prozessuale Regelungen im materiell-rechtlichen Gewand

Von

Stefan Weber

Duncker & Humblot · Berlin

CIP-Titelaufnahme der Deutschen Bibliothek

Weber, Stefan:
§ 1007 [Paragraph tausendsieben] BGB – prozessuale
Regelungen im materiell-rechtlichen Gewand / von Stefan
Weber. – Berlin: Duncker u. Humblot, 1988
  (Schriften zum Bürgerlichen Recht; Bd. 111)
  Zugl.: Bonn, Univ., Diss., 1987
  ISBN 3-428-06494-1
NE: GT

Alle Rechte vorbehalten
© 1988 Duncker & Humblot GmbH, Berlin 41
Satz: Volker Spiess GmbH, Berlin 30
Druck: Berliner Buchdruckerei Union GmbH, Berlin 61
Printed in Germany

ISBN 3-428-06494-1

Vorwort

Verf. will, wie er in der Einleitung sagt, Funktion und Bedeutung des § 1007 BGB unter Berücksichtigung seiner Entstehungsgeschichte entwickeln. Das ist eine etwas blasse Bezeichnung des Anliegens dieser Bonner Dissertation. Es geht ihm, wie im Fortgang der Arbeit immer deutlicher und schließlich auch klipp und klar gesagt wird, um eine Antwort auf die Frage, welches materielle Recht den Anspruch begründet, den diese Vorschrift gewährt (S. 64). Daß diese Frage nach dem Klagegrund des § 1007 BGB unter Berücksichtigung der Entstehungsgeschichte geklärt werden soll, ist ebenso eine Ankündigung, die weniger verspricht als die Ausführung hält. In allen gründlicheren Untersuchungen dieser Frage ist die Entstehungsgeschichte der Vorschrift berücksichtigt. Was die Arbeit des Verf.'s kennzeichnet, ist die Dominanz der Entstehungsgeschichte in der Bewältigung der Aufgabe: Die Antwort auf die Frage, welches materielle Recht mit dem Anspruch aus § 1007 BGB geltend gemacht wird und die Klage begründen kann, wird in der Geschichte der Entstehung dieser Vorschrift gesucht und gefunden. Diese Antwort und somit die These der Arbeit ist, daß mit dem Anspruch aus § 1007 BGB nichts anderes als das Eigentum geltend gemacht und nur dessen Verfolgung erleichtert wird. Der Anspruch aus § 1007 BGB ist in Wahrheit also der Anspruch aus § 985 BGB, und es wird für diesen nur eine Beweiserleichterung oder „prozessuale Einredebeschränkung" bestimmt: Der verklagte Besitzer, der bei Erwerb seines Besitzes selbst nicht Eigentum erworben haben kann, weil er − § 1007 Abs. 1 BGB − bösgläubig oder weil die Sache − § 1007 Abs. 2 BGB − dem Kläger abhanden gekommen war, kann gegen die Eigentumsklage desjenigen, der selbst bei Erwerb seines früheren Besitzes gutgläubig war, also Eigentum erworben haben kann, nicht einwenden, daß die Sache einem Dritten abhanden gekommen sei und also auch dem Kläger nicht gehöre. Die exceptio de iure tertii im Eigentumsprozeß auszuschließen, ist nach Meinung des Verf.'s die Funktion des § 1007 BGB und die Tatsache, daß diese Vorschrift ihrer Formulierung nach einen gegenüber § 985 BGB eigenen Anspruch gewährt, wird auf „eine Gesetzgebungskommission (zurückgeführt), die es nicht verstand, die von ihr gewünschte Einredebeschränkung im Herausgabestreit in eine adäquate Form zu bringen" (S. 65). Die Entstehungsgeschichte der Vorschrift dominiert in der Arbeit also nicht in der Weise, daß aus ihr die Lösung − wie das Kaninchen aus dem Hut − hervorgezogen wird. Die Entstehungsgeschichte des Gesetzes ist für Verf. vielmehr das Mittel zur Kritik ihres Ergebnisses; die Arbeit demonstriert, daß die geschichtliche Methode nicht darauf aus ist, in der Vergangenheit zu finden, was wir in der Gegenwart nicht mehr oder gar auch noch haben, sondern daß es ihr darum geht, die Entwicklung: also die Veränderung aufzudecken und aus deren Feststellung heraus die Fragen, die sich hic et nunc stellen, zu beantworten.

Die Frage, was Klagegrund des § 1007 BGB ist, war bislang ein Rätsel. Dies zeigt Verf. in dem ‚die bisherige Deutung des § 1007 BGB' überschriebenen Abschnitt, dem er eine Darstellung der Entstehungsgeschichte des § 1007 BGB voranstellt, die dadurch bemerkenswert ist, daß sie sich aller Interpretation dieser Geschichte enthält, für die folglich — in Hinsicht auf den ersten Entwurf zum BGB — die Protokolle der 1. Kommission und nicht die Motive zum ersten Entwurf die Hauptquelle sind und aus der die Deutungsbedürftigkeit des in § 1007 BGB vorliegenden Ergebnisses hinsichtlich des Klagegrundes unmittelbar hervorgeht. In der Darstellung und Kritik der bisherigen Deutung dieser Vorschrift erklärt Verf. sich u.a. gegen die heute noch vertretene Ansicht, § 1007 BGB liege eine Rechtsvermutung zugrunde. Er wendet dagegen ein, daß diese Vermutung, weil der Anspruch aus § 1007 BGB ohne jedes wirkliche Recht zum Besitz geltend gemacht werden könne, anders als die in § 1006 BGB aufgestellte, eine unwiderlegliche sein müsse. Es gebe aber bislang keinen Anhaltspunkt dafür, daß die (2.) Kommission (die § 1007 BGB zugleich mit § 1006 BGB beraten und beschlossen hat) auf derselben Vermutungsbasis des Besitzes einmal ausdrücklich eine widerlegliche (§ 1006 BGB) und dann (in § 1007 BGB) stillschweigend eine unwiderlegliche Rechtsvermutung aufstellen wollte (S. 36 f.). In der Interpretation und Kritik der Entstehungsgeschichte des § 1007 BGB, in der Verf. sein Verständnis der Vorschrift entwickelt, heißt es dann ausdrücklich: „§ 1007 BGB bewirkt nun, daß im Herausgabestreit um eine bewegliche Sache diese Eigentumsvermutung in bestimmten Fällen nicht widerlegt werden kann. Die Vorschrift steigert so die Eigentumsvermutung für den früheren Eigenbesitzer von einer widerlegbaren praesumptio iuris zu einer nicht widerlegbaren praesumptio iuris et de iure, einer Fiktion" (S. 64 f.). Verf. meint also S. 35 f., daß die dort zurückgewiesene Ansicht den Beweis, daß es in § 1007 BGB um die Aufstellung einer nicht widerleglichen Vermutung: um eine bloße Erleichterung der Eigentumsverfolgung durch Ausschluß einer bestimmten Einrede für bestimmte Besitzer gegenüber einem bestimmten Kläger geht, schuldig geblieben sei — ein Manko, das nicht zuletzt dadurch bestätigt wird, daß die wohl herrschende Meinung nach wie vor den Grund der Klage im Besitz selbst findet und damit, weil dieser nun gewiß nicht der Klagegrund sein kann, die Suche nach einem eigenartigen, sonst nicht bekannten Recht wieder hervorruft: Otto v. Gierke hat bei dieser Suche sogar den germanischen Zwitter der gewere als Grund der Klage aus § 1007 BGB entdecken zu können gemeint.

Verf. führt — und das ist seine Leistung — den Beweis, daß § 1007 BGB nur die in der voranstehenden Vorschrift als eine widerlegliche aufgestellte

Vermutung unter bestimmten Voraussetzungen zu einer unwiderleglichen macht, in der einzig möglichen Weise, daß er auf das römische Recht und d.h. hier: auf das publizianische Prinzip zurückgeht, daß er dessen Funktion in eben jener Erleichterung der Eigentumsverfolgung gegenüber bestimmten Besitzern durch Versagung der exceptio de iure tertii findet und sodann zeigt, daß und unter welchen Veränderungen dieses Prinzip in das BGB übernommen worden ist. Da das römische Recht den gutgläubigen Erwerb von Nichtberechtigten nur in der zeitlichen Verzögerung der ordentlichen Ersitzung gekannt hat, konnte das römische Recht dem publizianischen Prinzip auch nur in Anknüpfung an die noch nicht vollendete (ordentliche) Ersitzung und somit durch eine eigene, der Vindikation nur nachgebildete Klage Geltung verschaffen. Der materiellrechtliche Grund dieser actio Publiciana konnte daher auch nicht das (quiritische) Eigentum sein, und die Frage, welches andere materielle Recht denn diese Klage begründet, konnte in Hinsicht auf das römische Recht zu einem Problem werden, sobald die Jurisprudenz nicht mehr in Aktionen dachte, sondern in materiellen Rechten zu denken begann (s. dazu Verf. insbes. S. 19 ff., 44). Mit der Ersetzung der ordentlichen Ersitzung durch den gutgläubigen Erwerb im ersten Entwurf zum BGB entfiel — wie die 1. Kommission auch erkannt hat — nicht das Bedürfnis für das publizianische Prinzip. Aber die publizianische Klage mußte und konnte jetzt nur noch an die Voraussetzungen des sofortigen gutgläubigen Erwerbs angeknüpft und somit auf das Eigentum gegründet werden, das nicht mehr in quiritisches und bonitarisches zu teilen war. Dies hat die 1. Kommission noch nicht hinreichend erfaßt, so daß der erste Entwurf zum BGB in der Vorschrift, aus der § 1007 BGB entstanden ist, noch die publizianische Klage in einer nicht hinreichend modifizierten Form hat. Erst die 2. Kommission oder — richtiger gesagt — ihr wohl klügstes Mitglied Jacubezky hat die Klage dann ganz auf die geänderten Voraussetzungen des gutgläubigen Erwerbs ausgerichtet, also die durch diese Veränderung notwendigen Modifikationen des publizianischen Prinzips durchgeführt. Indem Verf. diese Modifikationen im einzelnen durchgeht, zeigt er, daß und wie sie ganz im Geist des publizianischen Prinzips liegen und daß also — entgegen aller bisherigen Annahme — die 2. Kommission dieses Prinzip rezipiert hat, die Grundlage auch dieser Vorschrift somit eine rein römische ist. Nur sind eben in der fortbestehenden Ausgestaltung des publizianischen Prinzips zu einem besonderen Anspruch diese Modifikationen noch nicht zu Ende gedacht; es ist noch nicht erkannt, daß dieses Prinzip unter der Voraussetzung eines sofortigen gutgläubigen Erwerbs sich auf die Versagung der exceptio de iure tertii im Eigentumsprozeß reduziert, der publizianische Anspruch also im Eigentumsanspruch aufgeht. Diesen letzten Schritt führt Verf. in allen seinen Konsequenzen aus, von denen hier nur die beiden wichtigsten genannt seien: das Verständnis der Besitzaufgabe (§ 1007 Abs. 3 Satz 2 BGB, 2. Alternative) als Aufgabe des Eigentums (S. 57) und die Klagebefugnis des Fremdbesitzers als gesetzliche Prozeßstandschaft (S. 67 ff.), deren Herleitung aus dem Preuß. ALR ein besonders gekonntes

Stück geschichtlicher Argumentation ist. Daß in dieser letzten Hinsicht Verf. in vollständiger und begreiflicher Unabhängigkeit zu Eduard Picker, Die Drittwiderspruchsklage (1981), S. 469 ff. zu dessen Ergebnis gelangt, ist für dieses die wohl beste Bestätigung.

Auch Verf. meint allerdings de lege lata nicht so weit gehen zu können, wie die juristische Konsequenz reicht. Er meint, es könne der Vorschrift des § 1007 BGB ihre äußere Gestalt als eine besondere Anspruchsgrundlage neben § 985 BGB nur de lege ferenda genommen werden, und er macht dazu, wie die Vorschrift in der Reduzierung auf ihren inneren Gehalt als eines prozessualen Einwendungsausschlusses lauten müßte, einen ausformulierten Fassungsvorschlag (S. 66 u. S. 70). Diese Vorsicht im Umgang mit einem Gesetz von der Beschaffenheit des BGB und in einer doch ganz technischen, rein juristischen Frage halte ich für übertrieben, da doch das, was die juristische Konsequenz ergibt, durch den Imperativ des Gesetzes nicht gewinnen kann. Sie entspricht aber ganz der bedächtigen, nüchternen und unprätenziösen Art, mit der Verf. überall zu Werke geht. Ich überlasse es der Beurteilung anderer, ob nicht der geschichtlichen Rechtswissenschaft, zu welcher Verf. sich nicht durch Worte, sondern durch die Tat bekennt, diese Vorsicht angemessener ist als ein freierer Umgang mit dem Gesetz. Ich zögere jedenfalls nicht, die Arbeit auch öffentlich deswegen zu loben, weil sie der geschichtlichen Rechtswissenschaft, ohne die nach meiner Auffassung alle Arbeit am BGB vergeblich ist, ein beachtliches Zeugnis ihrer Leistungsfähigkeit ausstellt.

Horst Heinrich Jakobs

Inhaltsverzeichnis

I. Einleitung 11

II. Die Entstehung des § 1007 BGB 12
   1. Der Eigentumsanspruch im ersten Entwurf zum BGB 12
      a) Der Vorentwurf Johows 12
      b) Die Beschlüsse der ersten Kommission 13
         aa) Deutsch-rechtliche Fahrnisklage 14
         bb) Römisch-rechtliche actio Publiciana 16
         cc) Der publizianische Anspruch des ersten Entwurfs 25
   2. Der Eigentumsanspruch im zweiten Entwurf zum BGB 27
      a) Vorkommission des Reichsjustizamtes 28
      b) Die zweite Kommission 28

III. Die bisherige Deutung des § 1007 BGB 30
   1. § 1007 BGB als Ausformung der deutsch-rechtlichen Fahrnisklage 30
   2. § 1007 BGB als Anspruch aus vermutetem Recht 34
   3. § 1007 BGB als Anerkennung der Rechtsqualität des Besitzes 36
   4. § 1007 BGB als Anerkennung eines Rechtes eigener Art 37
   5. § 1007 BGB als Besitzanspruch 41

IV. § 1007 BGB als den Eigentumsanspruch regelnde Vorschrift 43
   1. Das publizianische Prinzip 43
   2. Die Übernahme des publizianischen Prinzips in das bürgerliche Recht 45
   3. Die Fortentwicklung des publizianischen Prinzips
      durch die zweite Kommission 48
      a) Das publizianische Prinzip im preußischen Recht 49
      b) Die Umgestaltung des subjektiven Elements von einem rechts-
         begründenden zu einem rechtshindernden Merkmal 52
      c) Das Rangverhältnis mehrerer Erwerber 54
      d) Die Besitzaufgabe 56
      e) Der Anspruch des früheren Fremdbesitzers 58
   4. Der sachliche Inhalt des § 1007 BGB 60
      a) § 1007 BGB als Einredebeschränkung gegenüber dem Eigentums-
         prätendenten 61
      b) Die analoge Anwendung des § 1007 BGB
         bei Nießbrauch und Pfandrecht 67
      c) § 1007 BGB als Einräumung einer Prozeßführungsbefugnis
         für Fremdbesitzer 67

V. Ergebnis 71

VI. Folgerungen 73

Literaturverzeichnis 77

I. Einleitung

Wer eine bewegliche Sache in Besitz gehabt hat, kann unter den Voraussetzungen des § 1007 BGB von dem Besitzer die Herausgabe der Sache verlangen. Dieser Herausgabeanspruch ist unter die „Ansprüche aus dem Eigentum" in den vierten Titel des dritten Abschnitts des dritten Buches des BGB eingereiht. Unbestritten ist aber, daß § 1007 BGB weder Eigentum noch überhaupt irgendein Recht des früheren Besitzers voraussetzt. Trotz der dadurch hervorgerufenen Unsicherheit über die zutreffende dogmatische Einordnung wurde die Vorschrift bei ihrem Inkrafttreten oftmals[1] als eine der wichtigsten des Sachenrechts eingeschätzt. Inzwischen hat sich diese Einschätzung als falsch herausgestellt. Es finden sich nur sehr wenige veröffentlichte Gerichtsentscheidungen zu § 1007 BGB. Die Praxis scheint weitgehend mit anderen Anspruchsgrundlagen auszukommen. Um so umfangreicher ist die Zahl der Publikationen, die sich mit § 1007 BGB beschäftigen. Bereits im Jahre 1929 stellte Oertmann[2] die Behauptung auf, die Vorschrift verdanke wesentlich der Studierstube und antiquarischen Liebhabereien ihr Dasein. Sie gehöre dem praktischen Rechtsleben so gut wie gar nicht an.

Die vorliegende Untersuchung sieht sich dadurch gerechtfertigt, daß trotz der inzwischen weiter angewachsenen Literatur zu § 1007 BGB die rechtliche Natur der Vorschrift als nicht geklärt gelten muß. Der während des Gesetzgebungsverfahrens geführte Streit um den römisch-rechtlichen oder deutsch-rechtlichen Weg bei der Ausgestaltung der Eigentumsverfolgung scheint in der wissenschaftlichen Diskussion zu sehr den Blick versperrt zu haben für den praktischen Wert, den § 1007 BGB im System unseres bürgerlichen Rechts hat. Funktion und Bedeutung des § 1007 BGB sollen im folgenden unter besonderer Berücksichtigung seiner Entstehungsgeschichte entwickelt werden.

---

[1] *Giese*, S. 84; *Frerichs*, S. 84; Otto v. *Gierke*, S. 66; vgl. *Hörer*, S. 14.
[2] In seiner Rezension zu *Henle*, Das Recht auf Besitz, JW 1929, S. 570 f.

II. Die Entstehung des § 1007 BGB

1. Der Eigentumsanspruch im ersten Entwurf zum BGB

a) Der Vorentwurf Johows

Die erste Kommission zur Ausarbeitung des Entwurfs eines Bürgerlichen Gesetzbuches (BGB) konstituierte sich am 17. September 1874 und legte in ihren ersten Sitzungen die Einteilung des künftigen Gesetzbuches in fünf Bücher[3] fest. Grundlage der Kommissionsberatungen sollte für jedes Buch ein von einem Kommissionsmitglied als Redaktor zu erstellender Vorentwurf sein[4]. Vor der Ausarbeitung des jeweiligen Entwurfs hatte der betreffende Redaktor die Entscheidung der Kommission über die maßgebenden Gesichtspunkte und Prinzipien, die er dem Entwurf zugrundelegen wollte, herbeizuführen[5]. Zum Redaktor des Sachenrechts wurde Johow gewählt[6].

Johow[7] schlug der Kommission vor, bei der Ausgestaltung des abgeleiteten Eigentumserwerbs und der Verfolgbarkeit des Eigentums an beweglichen Sachen grundsätzlich dem römischen Recht zu folgen, das insoweit zur damaligen Zeit im Rahmen des sog. gemeinen Rechts in weiten Teilen Deutschlands in Geltung war. Das römische Recht ließ einen abgeleiteten Eigentumserwerb nur vom Eigentümer zu und gab dem Eigentümer den Anspruch auf Herausgabe gegen jeden, der ihm die Sache vorenthielt, selbst gegen den redlichen Erwerber[8]. Nach Johows Vorschlag sollte das BGB gegenüber diesen römischen Grundsätzen lediglich die Einschränkung bringen, daß der redliche Erwerber zur Herausgabe nur gegen Erstattung dessen verpflichtet war, was er für die Erwerbung der Sache gegeben oder geleistet hatte.

Das Kommissionsmitglied von Kübel[9] wollte die Rückforderbarkeit beweglicher Sachen auf die Fälle des Abhandenkommens beschränkt wissen und bei Geld und Inhaberpapieren überhaupt nicht zulassen. Der redliche Erwerber sollte grundsätzlich mit Besitzerwerb Eigentümer werden, bei abhanden gekommemen Sachen nach Ablauf einer kurz zu bemessenden Frist, die mit dem Abhandenkommen zu laufen beginnen sollte.

---

[3] Sitzungsprotokoll vom 17.9.1874, bei *Jakobs/Schubert*, Einführung S. 40, 206 ff.
[4] Sitzungsprotokoll vom 19.9.1874, bei *Jakobs/Schubert*, Einführung, S. 207.
[5] Sitzungsprotokoll vom 29.9.1874, bei *Jakobs/Schubert*, Einführung, S. 222.
[6] Sitzungsprotokoll vom 29.9.1874, bei *Jakobs/Schubert*, Einführung, S. 222.
[7] *Jakobs/Schubert*, Sachenrecht, S. 53 ff.
[8] D. 41, 1, 20 pr; D. 6, 1, 10.
[9] *Jakobs/Schubert*, Sachenrecht, S. 67.

Die Kommission, der noch weitere Vorschläge vorlagen[10], entschied sich in ihrer Sitzung vom 18. Oktober 1875 für die Annahme des Antrags des Redaktors des Sachenrechts, vorbehaltlich der festzustellenden Ausnahmen, insbesondere in Betreff der Inhaberpapiere. Der von einer Seite gestellte Antrag, die Ausnahmen beizufügen, daß gestohlene und verlorene Sachen ohne Erstattung des Kaufgeldes herauszugeben seien, wurde von der Mehrheit nicht gebilligt[11].

Der von Johow erarbeitete und in den Jahren 1880–1883 mit ausführlicher Begründung vorgelegte Entwurf zum Sachenrecht[12] stellte betreffend die Erwerbung des Eigentums an beweglichen Sachen und den Eigentumsanspruch wegen Vorenthaltung der Sache in Ausführung des Kommissionsbeschlusses weitgehend eine Übernahme römisch-rechtlicher Grundsätze dar. Nach § 132 dieses Entwurfes konnte das Eigentum an beweglichen Sachen nur vom Eigentümer erworben werden. § 135 ließ Ausnahmen lediglich für Sachen zu, die in einer öffentlichen Versteigerung erworben wurden, für Geld und Inhaberpapiere und für Erzeugnisse einer redlich besessenen Sache. Der Vindikationsanspruch des Eigentümers war in § 178 enthalten. Er fand in den sich anschließenden Bestimmungen seine nähere Ausgestaltung. Zur Erleichterung des Eigentumsbeweises waren in den §§ 199 bis 201 Rechtsvermutungen vorgesehen, die teils an die Art des Besitzerwerbs, teils an die Art des Besitzverlustes anknüpften.

b) Die Beschlüsse der ersten Kommission

Die erste Kommission[13] beschloß zunächst eine dem § 132 des Johow'schen Vorentwurfs entsprechende Vorschrift, wonach das Eigentum an beweglichen Sachen durch einen zwischen dem bisherigen Eigentümer mit dem Erwerber unter Übergabe der Sache abgeschlossenen Vertrag erworben wurde. Als die Beratung des § 135 des Vorentwurfs anstand, wurde erneut das von Johow verfochtene Prinzip des Eigentumserwerbs nur vom Eigentümer in Frage gestellt. Diesmal entschied sich die Kommission[14] in Abkehr von ihrem Vorbeschluß vom 18. Oktober 1875 für das Prinzip, nach welchem der Mangel des Eigentums des Veräußerers zugunsten des gutgläubigen Erwerbers außer Betracht blieb. Den entscheidenden Grund für die Annahme des beantragten Prinzips sah die Kommission in der Gewährleistung der Verkehrssi-

---

[10] *Jakobs/Schubert*, Sachenrecht, S. 72 f.
[11] *Jakobs/Schubert*, Sachenrecht, S. 73.
[12] Der Teilentwurf Sachenrecht wurde als Manuskript gedruckt. Der 1982 von *Schubert* herausgegebene Nachdruck unter dem Titel: „Die Vorlagen der Redaktoren für die 1. Kommission zur Ausarbeitung des Entwurfs eines Bürgerlichen Gesetzbuchs", Sachenrecht, Teil 1 bis 3, gibt auch die ursprüngliche Paginierung wieder, nach der zitiert wird.
[13] Protokolle I, S. 3990, bei *Jakobs/Schubert*, Sachenrecht, S. 583.
[14] Protokolle I, S. 4003, bei *Jakobs/Schubert*, Sachenrecht, S. 598.

cherheit bei beweglichen Sachen[15]. Gegen die Veräußerung der Sache durch einen Nichtberechtigten könne der Eigentümer, abgesehen von den Fällen der Entziehung der Sache, sich genügend dadurch schützen, daß er die Inhabung nicht aus der Hand gebe und dadurch dritten Personen gegenüber den Schein ausschließe, daß die Sache einem anderen gehöre. Es entspreche in diesem Falle der Billigkeit, den Eigentümer den Nachteil aus dem Irrtum des redlichen Erwerbers tragen zu lassen. Umgekehrt sei zu entscheiden, wenn der Eigentümer die Inhabung ohne seinen Willen verloren habe.

Den dinglichen Anspruch auf Herausgabe von beweglichen Sachen sah die erste Kommission in Übereinstimmung mit dem römischen Recht und Johows Vorentwurf als Ausfluß des Eigentums an. Die Hauptschwierigkeit für die Erhebung und Durchführung des Eigentumsanspruchs erblickte sie im Beweis des Eigentums des Veräußerers[16]. Nachdem sie jedoch für Immobilien dem § 891 BGB entsprechende Rechtsvermutungen und für Mobilien den Erwerb des Eigentums in gutem Glauben ohne Rücksicht auf das Eigentum des Veräußerers eingeführt hatte, erhob sich für sie die Frage, ob überhaupt noch das Bedürfnis einer weiteren Erleichterung der Eigentumsverfolgung bestehe, nachdem ja der Eigentumsprätendent nurmehr die Voraussetzungen des Erwerbs in gutem Glauben nachzuweisen brauchte. Dies wurde in Ansehung der Grundstücke verneint. Bei beweglichen Sachen dagegen decke der Erwerb in gutem Glauben das Bedürfnis nicht vollständig, weil er sich nicht auf die Fälle abgeleiteten Erwerbs ohne Übergabe der Sache erstrecke. In Betracht kämen dafür nach den bisher befaßten Beschlüssen allerdings nur die Einverleibung in das Pachtinventar sowie die Einbringung in die Gesellschaft. Aber auch abgesehen von diesem Umstand herrschte in der ersten Kommission Übereinstimmung, daß die Erfordernisse des Verkehrs eine noch weitergehende Erleichterung der Eigentumsverfolgung erheischten. Um diesem weitergehenden Bedürfnis zu entsprechen, boten sich der ersten Kommission zwei Alternativen dar.

aa) Deutsch-rechtliche Fahrnisklage

Die erste schloß sich an das deutsche Recht an, bei dem sich zur Eigentumsverfolgung die Fahrnisklage herausgebildet hatte. Die entscheidende Erleichterung für den Eigentumsprätendenten bestand nach Ansicht der ersten Kommission darin, daß bei einem Bruch der rechtlichen Kontinuität des Besitzes die Sache ohne weitere Untersuchung des Rechtes zum Besitze des Verlierenden in die frühere Hand zurückgebracht wurde[17].

---

[15] Protokolle I, S. 4004 f., bei *Jakobs/Schubert,* Sachenrecht, S. 599. Dort auch das Folgende.
[16] Protokolle I, S. 4236 f., bei *Jakobs/Schubert,* Sachenrecht, S. 865. Dort auch das Folgende.
[17] Protokolle I, S. 4238, bei *Jakobs/Schubert,* Sachenrecht, S. 866.

Von zentraler Bedeutung für das Verständnis des deutschen Rechts ist der Begriff der „gewere". Unter gewere wurde ein äußeres Verhältnis der Person zur Sache verstanden, das von der Rechtsordnung als Erscheinungsform eines Herrschaftsrechtes an der Sache anerkannt war[18]. Die gewere setzte daher stets die faktische Sachherrschaft, die Detention, voraus. Bei Grundstücken sowie bei Fahrnis, die wie bei einem Landgut zu einer Sachgesamtheit gehörte, mußte als weiteres Merkmal das eigene Ziehen der wirtschaftlichen Nutzung hinzukommen[19]. Dieses Zusammenspiel objektiver und subjektiver Elemente ermöglichte die Herausbildung eines differenzierten gewere-Begriffs bei Grundstücken, der dem des römischen Besitzbegriffs ähnlich war. So hatten der Verwalter oder Mieter eines Grundstückes keine gewere; sie waren vielmehr Stellvertreter im Besitz für den Eigentümer als gewere-Inhaber[20]. War hingegen die Befugnis zur eigenen Nutzung zwischen mehreren Berechtigten aufgeteilt, spiegelte sich dies in einem abgestuften gewere-Verhältnis wider, wie z.B. beim Eigentümer, Nießbraucher und Pfandgläubiger.

Bei nicht zu einer Sachgesamtheit gehörender Fahrnis war der gewere-Begriff auf einer frühen Stufe seiner Entwicklung stehengeblieben. Bereits das bloße Haben der Sache verschaffte dem Gewahrsamsinhaber die volle gewere[21]. Eine Abstufung zwischen mehreren Berechtigten gab es nicht. Jeder Gewahrsamswechsel führte zugleich zum Wechsel in der Inhabung der gewere. Selbst bei doloser oder gar gewaltsamer Inbesitznahme einer beweglichen Sache wurde die gewere erworben, während der frühere Inhaber sie verlor[22].

Im Prozeß um den Besitz einer Sache wirkte sich die gewere dahin aus, daß sie den Beweis des in ihr zum Ausdruck kommenden Rechts ersetzte[23]. Da bei Fahrnis der Gewahrsamsinhaber die Sache auch stets in seiner gewere hatte, mußte der Herausgabekläger zunächst die gewere des Beklagten in gehöriger Form überwinden. Dies konnte bei der Fahrnisklage ausschließlich auf zwei Wegen geschehen, von denen der eine bei freiwilliger Besitzaufgabe, der andere bei unfreiwilligem Besitzverlust einzuschlagen war. Hatte der Kläger die Sache selbst einem anderen übergeben, konnte er sie nur von diesem als seinem Vertrauensmann zurückverlangen[24]. Eine Abforderung von einem Dritten war ausgeschlossen, gleichgültig ob der Kläger Eigentümer war, ob der Vertrauensmann zur Weitergabe berechtigt war und ob der Dritte von der Nichtberechtigung des Vertrauensmannes wußte. Hatte der Kläger den Besitz dagegen unfreiwillig verloren, konnte er die Sache von jedem Dritten heraus-

---

[18] Otto v. *Gierke*, S. 187.
[19] *Heusler*, Die Gewere, S. 144; *Stobbe/Lehmann*, S. 197; Otto v. *Gierke*, S. 192 f.; *Koch*, S. 24.
[20] *Stobbe/Lehmann*, S. 192; *Heusler*, Die Gewere, S. 116 f.
[21] Otto v. *Gierke*, S. 192.
[22] *Huber*, S. 47; *Stobbe/Lehmann*, S. 209; *Koch*, S. 24.
[23] *Stobbe/Lehmann*, S. 194.
[24] *Stobbe/Lehmann*, S. 259 f.; Otto v. *Gierke*, S. 206; *Gerber*, S. 178 f.; *Heusler*, S. 210.

verlangen[25]. Trotz dieser Verschiedenheiten der Fahrnisklagen bei freiwilligem und unfreiwilligem Besitzverlust, die zur Unterscheidung[26] einer Klage um anvertrautes Gut und einer Klage aus unfreiwilligem Besitzverlust als Unterfälle der Fahrnisklage führte, handelte es sich um eine einheitliche, dingliche Herausgabeklage[27]. Sie war nicht gestützt auf die gewere als solche, sondern auf das Recht aus der gewere[28].

bb) Römisch-rechtliche actio Publiciana

Die andere Möglichkeit der erleichterten Eigentumsverfolgung lehnte sich an die römisch-rechtliche actio Publiciana an. Sie knüpfte an die Vorstellung an, daß derjenige, der den Eigentumsanspruch erhebt, sein Eigentumsrecht, wenn es ihm bestritten wird, zu beweisen hat. Kann das Eigentum, wie im römischen Recht, ausschließlich vom wahren Berechtigten übertragen werden, wäre der abstrakten Idee nach der Beweis sämtlicher Eigentumsübergänge zurück bis zur ersten originären Erwerbung der Sache zu führen, wenn der Kläger sich auf einen abgeleiteten Eigentumserwerb beruft (sog. probatio diabolica).

Eine Erleichterung in dieser Beweisführung gewährte das römische Recht dem Eigentumskläger bei der rei vindicatio mit dem Institut der ordentlichen Ersitzung. Der mit abgelaufener Ersitzungszeit eintretende Eigentumserwerb war als originärer Rechtserwerb anerkannt. Da die Ersitzungsfristen im Vergleich zum geltenden Recht kurz waren, werden die Voraussetzungen des Eigentumserwerbs durch Ersitzung häufig vorgelegen haben. Die ordentliche Ersitzung wurde daher geradezu als das notwendige Korrektiv angesehen, ohne das der Grundsatz des Eigentumserwerbs ausschließlich vom Berechtigten überhaupt nicht durchführbar gewesen sei[29].

War die Ersitzungsfrist noch nicht abgelaufen, blieb es bei der vollen Beweislast des Klägers bei der rei vindicatio. Stand aber im übrigen der Vollendung der Ersitzung kein Hindernis im Wege, so konnte dem Kläger die actio Publiciana weiterhelfen. Diese Klage entsprach in ihren Rechtsfolgen ganz der Klage aus dem Eigentum. Zur Begründung der actio Publiciana war jedoch kein Rechtserwerb nachzuweisen, sondern lediglich das Vorliegen von Tatsachen, die den Kläger als redlichen Erwerber auswiesen, der in die Ersitzungslage gekommen war.

Unabdingbare Voraussetzung der Klage war danach das Vorliegen eines dem Erwerb zugrundeliegenden Titels, der auch als iusta causa bezeichnet

---

[25] *Stobbe/Lehmann*, S. 254 f.; Otto v. *Gierke*, S. 207; *Gerber*, S. 178 f.; *Heusler*, S. 211.
[26] *Gerber*, S. 178.
[27] *Heusler*, S. 209 f.; *Gerber*, S. 178.
[28] *Huber*, S. 47; a. A. *Koch*, S. 22 ff.
[29] Motive III, S. 341.

1. Der Eigentumsanspruch im ersten Entwurf zum BGB

wurde. Unter einem Titel wurde eine juristische Tatsache verstanden, die an sich geeignet gewesen war, Eigentum zu verschaffen, wenn sie auch im gegebenen Fall aus besonderen Gründen diese Wirkung vielleicht nicht gehabt hatte[30]. Als Titel kamen einmal alle rechtsgeschäftlichen Eigentumserwerbsgründe in Betracht. Sie wurden von der Absicht her bezeichnet, auf welcher der Wille zur Eigentumsübertragung beruhte[31]: pro emtore, pro donato, pro dote, pro transactione, pro soluto. Darüber hinaus waren aber auch originäre Eigentumserwerbsgründe als Titel anerkannt[32]: die richterliche Verfügung, die Erbschaft, das (Vindikations-) Vermächtnis, die Okkupation und das Fruchtziehungsrecht.

Wenn auch nicht unumstritten, so wurde doch überwiegend[33] ein sog. Putativtitel als ausreichend angesehen. Darunter wurde einmal[34] der Fall verstanden, daß wirklich der äußere Tatbestand eines Eigentumserwerbsgeschäfts vorlag, das jedoch aus inneren Gründen unwirksam war, etwa wegen fehlender Geschäftsfähigkeit des Veräußerers. Zum anderen[35] wurden darunter noch weitergehend solche Vorkommnisse gefaßt, welche lediglich die Annahme eines gültigen Titels in entschuldbarer Weise hervorgerufen hatten.

Soweit die Besitzerlangung einen Bestandteil des behaupteten Eigentumserwerbsgrundes (Titel) bildete, ergab sich bereits aus diesem Umstand, daß als weitere Voraussetzung der Besitz der Sache einmal erworben sein mußte. Aber auch wenn der Besitzerwerb nicht bereits vom Titel her vorausgesetzt war, wie vor allem beim sog. Vindikationslegat, wurde er teilweise[36] als Klagevoraussetzung gefordert. Zur Begründung wurde vor allem auf den engen Zusammenhang der Klage mit dem Eintritt der Ersitzungslage verwiesen. Vor Besitzerlangung könne aber niemals die Ersitzung beginnen. Die Gegenansicht[37] verzichtete auf die Besitzerlangung in diesem Fall, weil der Besitzerwerb keine eigenständige Klagevoraussetzung sei, sondern sich immer nur aus dem Titel ergeben könne.

Des weiteren mußte der Erwerber den Besitz der Sache in gutem Glauben erlangt haben[38]. Da ein Putativtitel als Erwerbsgrundlage ausreiche, konnte der gute Glaube jedes Merkmal ersetzen, das den sofortigen Eigentumserwerb verhinderte. Strittig war, ob der gute Glaube noch zu einem späteren Zeit-

---

[30] *Savigny*, Obligationenrecht, S. 146; *Windscheid*, § 178, S. 921 ff.; *Dernburg*, § 220, S. 512 f.
[31] *Windscheid*, § 179, S. 925 f.
[32] *Windscheid*, § 179, S. 925 f.; *Dernburg*, § 220, S. 512 f.
[33] *Windscheid*, § 199, S. 1017; *Dernburg*, § 228, S. 536; jeweils m.w.N.
[34] *Windscheid*, § 199, S. 1017; *Dernburg*, § 228, S. 536; *Savigny*, System III, S. 373 f.; *Huschke*, S. 56, 70 f.
[35] *Dernburg*, § 220, S. 513.
[36] *Dernburg*, § 228, S. 536; *Sintenis*, S. 543; *Pagenstecher*, S. 196 ff.
[37] *Windscheid*, § 199, S. 1018; *Wächter*, Bd. 2, S. 187; *Vangerow*, S. 666.
[38] *Windscheid*, § 199, S. 1018; *Dernburg*, § 228, S. 537.

punkt als dem Besitzerwerb vorliegen mußte. Im antiken römischen Recht hatte der Grundsatz „mala fides superveniens non nocet" gegolten[39]. Das kanonische Recht[40] hatte für die Ersitzung das Erfordernis fortdauernden guten Glaubens eingeführt. Daraus wurde von einer Ansicht[41] wiederum wegen des inneren Zusammenhangs von Ersitzung und publizianischer Klage gefolgert, daß die Gutgläubigkeit des Erwerbers noch bei Klageerhebung gegeben sein müsse. Wenn das unredliche Bewußtsein ein Hindernis des Eigentumserwerbs sei, so müsse es auch einer Abforderung der Sache wie einer eigenen entgegenstehen[42]. Die Gegenmeinung[43] verwarf eine Übernahme der für die Ersitzung gegebenen Rechtsregel auf die actio Publiciana. Der Zusammenhang dieser beiden Rechtsinstitute sei rein historisch bedingt. Im gemeinen Recht verdiene er keine Berücksichtigung mehr.

Schließlich verlangte die actio Publiciana noch, daß die Sache ersessen werden konnte. Das Erfordernis der Ersitzbarkeit der Sache wurde aus der Verknüpfung der Klage mit der ordentlichen Ersitzung abgeleitet. Soweit eine Ersitzung ausgeschlossen war, schied auch eine Rückforderung der Sache mittels der actio Publiciana aus[44]. Dies galt insbesondere hinsichtlich der gestohlenen und durch Betrug erlangten Sachen[45].

Abgesehen von den allgemein gegebenen Einreden aus einem zwischen den Parteien etwa bestehenden obligatorischen Verhältnis[46] konnten der actio Publiciana noch zwei[47] ganz spezifische Einreden entgegengesetzt werden. Mit der sog. exceptio dominii verteidigte sich der Eigentümer gegenüber der actio Publiciana. War auch der Beklagte redlicher Erwerber der Sache, konnte er seine Rechtsposition zur Abwehr der Klage einsetzen.

Die Gewährung einer besonderen Eigentumseinrede zur Wahrung des Rechts des wirklichen Eigentümers war notwendig, weil die actio Publiciana nicht auf das Vorliegen eines Rechts abstellte. Der Eigentumsnachweis durch den Beklagten hätte der Klage daher nicht die Grundlage entzogen. Eine solche Bevorzugung des redlichen Erwerbers gegenüber dem Eigentümer schien jedoch nicht gerechtfertigt zu sein. Allerdings setzte die Erhebung der Eigentumseinrede voraus, daß dem Beklagten selbst das Recht zustand. Die Geltendmachung des Eigentums eines Dritten war als sog. exceptio de iure tertii ausgeschlossen[48].

---

[39] D. 6, 2, 7, 12 und 14.
[40] Decretalium Gregorii IX liber II titulus XXIV de praescriptionibus cap. XX.
[41] *Windscheid*, § 199 N. 8, S. 1018; *Schmid*, S. 353 f.; *Sintenis*, S. 544.
[42] *Windscheid*, § 199 N. 8, S. 1018.
[43] *Dernburg*, § 228, S. 537; *Vangerow*, S. 668; *Brinz*, S. 721, 632.
[44] *Windscheid*, § 199, S. 1018.
[45] *Windscheid*, § 182, S. 932 f.
[46] *Windscheid*, § 199 N. 13, S. 1019.
[47] *Windscheid*, § 199 N. 13, S. 1019; *Dernburg*, § 228, S. 538.

1. Der Eigentumsanspruch im ersten Entwurf zum BGB

Der Einwand des Beklagten, selbst sich in der Ersitzungslage zu befinden, griff immer durch, wenn er von einem anderen Veräußerer als der Kläger erworben hatte. Hatten sie dagegen beide von demselben Veräußerer erworben, war die Einrede nur gegeben, wenn die Sache dem Beklagten zeitlich vor dem Kläger übergeben worden war[49].

Die Grundsätze der actio Publiciana waren im gemeinen Recht nicht auf den Eigentumserwerb im guten Glauben beschränkt, sondern fanden entsprechende Anwendung bei jedem anderen Tatbestand, der auf den Erwerb eines nach gemeinem Recht möglichen beschränkten dinglichen Rechts an der Sache gerichtet war. Sie galten somit für die Servituten[50], bei der Emphyteusis[51], bei der Superficies[52] und beim Pfandrecht[53].

Anders als bei der deutsch-rechtlichen Fahrnisklage, bei der das aufgrund der gewere zu vermutende Recht als Klagegrundlage ganz überwiegend anerkannt war[54], herrschte in der gemein-rechtlichen Literatur keineswegs Einigkeit über den Klagegrund der actio Publiciana. Die actio Publiciana gewährte dem Kläger dem Umfange nach das gleiche wie die rei vindicatio[55]. Da der Kläger bei der actio Publiciana aber nicht sein Eigentum zu beweisen brauchte, schien der Schluß unausweichlich, daß der publizianische Anspruch nicht im Eigentum begründet sei. Als Klagegrundlage wurde statt dessen häufig ein prätorisches[56], fingiertes[57], relatives[58], analoges[59] Eigentum oder auch Putativeigentum[60] genannt. Diese Bezeichnungen sind jedoch irreführend, weil sie mehr vermuten lassen als sich tatsächlich hinter ihnen verbirgt. Repräsentativ für den Inhalt dieses angeblichen Eigentums ist die Definition von Schmid[61]. Das prätorische Eigentum sei dasjenige, welches zu dem Zweck fingiert werde, um den bonae fidei possessor, welcher sich in der Lage befinde, an der von ihm besessenen Sache durch Ablauf der Verjährungszeit das wahre Ei-

---

[48] *Bähr*, Jherings Jahrb. 26 (1888), S. 236; *Jess*, Jherings Jahrb. 14 (1875), S. 210; *Windscheid*, § 199 N. 12, S. 1019.
[49] D. 6, 2, 9, 4. Ein anderes Rangverhältnis ergab sich aus D. 19, 1, 31, 2, das jedoch nicht als maßgeblich angesehen wurde; dazu und zu Vereinigungsversuchen *Windscheid*, § 199 N. 12, S. 1019; *Dernburg*, § 228 N. 16, S. 538.
[50] *Windscheid*, § 217, S. 1104.
[51] *Windscheid*, § 219, S. 1110.
[52] *Windscheid*, § 223, S. 1119.
[53] *Windscheid*, § 230, S. 1152. Beim Pfandrecht galt allerdings die Besonderheit, daß für den redlichen Pfanderwerber kein eigener Anspruch entstand, sondern er die Befugnis erhielt, die Rechtsstellung des Verpfänders für sich geltend zu machen.
[54] S. o. bei N. 28.
[55] *Windscheid*, § 199, S. 1015 f. m.w.N. in N. 3.
[56] *Schmid*, S. 353; *Gesterding*, S. 381, 384; *Valett*, S. 207; *Göschen*, S. 191; *Glück*, S. 326 mit Nachw. d. ält. Schrifttums in N. 45.
[57] *Baron*, S. 284; *Böcking*, S. 27 f.
[58] *Pagenstecher*, S. 200.
[59] *Seuffert*, S. 200.
[60] *Wendt*, S. 333.
[61] *Schmid*, S. 353.

gentum zu erwerben, schon während jener Zeit durch dingliche Rechtsmittel gegen Verletzungen seines Besitzes von seiten unbefugter Dritter zu schützen. Derartige Umschreibungen der publizianischen Rechtsposition führten in der Sache nicht weiter, weil sie auf eine bloße petitio principii hinausliefen. Dementsprechend wurde überwiegend[62] auf die positive Angabe eines bestimmten Rechts der actio Publiciana überhaupt verzichtet und lediglich der Ersitzungsbesitz als Klagegrund angegeben. Die Besonderheit der actio Publiciana bestand lediglich darin, daß sie den Ersitzungsbesitz von einem tatsächlichen zu einem rechtlichen Verhältnis erhob. Da der Ersitzungsbesitz wie jeder andere Besitz auch ein tatsächliches Herrschaftsverhältnis zur Sache voraussetzte, mußte er grundsätzlich mit dem Verlust der Sachherrschaft enden. Indem jedoch mit Besitzverlust des Ersitzenden für ihn die actio Publiciana entstand, setzte sie gleichsam die Ersitzungslage fort[63].

Vereinzelt wurde zwar die Auffassung[64] vertreten, dem publizianisch Berechtigten werde durch die Fiktion einer vollendeten Ersitzung wirkliches Eigentum zugesprochen. Gegen diese Ansicht spricht jedoch, daß es bei der actio Publiciana gar nicht um den Erwerb des Eigentums geht, sondern um die Zuerkennung des dinglichen Herausgabeanspruchs. Dieser Anspruch stand als rei vindicatio ausschließlich dem Eigentümer zu. Anstatt nun den redlichen Erwerber als Eigentümer zu fingieren, damit er die rei vindicatio anstellen konnte, hatte der Prätor bei Einführung der Klage den Weg gewählt, bereits an den Ersitzungsbesitz die Rechtswirkung zu knüpfen, die an sich erst dem Eigentum zukam. Allerdings enthält die actio Publiciana insofern ein fiktives Element, als der Richter in der Klageformel angewiesen wurde zu prüfen, ob der Besitz des Klägers geeignet gewesen war, dem Kläger mit Ablauf der Ersitzungszeit Eigentum zu verschaffen. Die tatsächlich vorhandenen Tatsachen in Verbindung mit der zu unterstellenden („fiktiven") Ersitzungszeit mußten als logisch notwendige Folgerung den hypothetischen Eigentumserwerb des Klägers ergeben[65].

Diese „publizianische Fiktion" erfüllt aber keine dogmatische Funktion. Ihr Zweck läßt sich nur historisch erfassen. In römischer Zeit war die Fortbildung des Rechts gekennzeichnet durch das Festhalten am Herkömmlichen, ohne sich durch dasselbe zu binden, wenn es mit einer neuen, zur allgemeinen Überzeugung gelangten Ansicht nicht mehr im Einklang stand[66]. Widersprach die neue Auffassung sachlich dem hergebrachten Recht, hätte die Formulierung eines entsprechenden materiellen Rechtssatzes einen Bruch in der

---

[62] *Savigny*, Besitz, § 3, S. 34; *Wächter*, Bd. 2, S. 186; *Sintenis*, S. 542; *Keller*, S. 332; *Puchta*, S. 258; *Thibaut*, S. 202; *Arndts*, S. 315; *Vering*, S. 342; *Wening-Ingenheim*, S. 305.
[63] *Pagenstecher*, S. 200 f.
[64] *Vangerow*, S. 621; *Tigerström*, S. 14.
[65] *Huschke*, S. 21.
[66] *Savigny*, Vom Beruf, S. 32.

1. Der Eigentumsanspruch im ersten Entwurf zum BGB

Rechtsentwicklung bedeutet. Die Gleichsetzung der neuen Rechtsauffassung mit einem hergebrachten Rechtssatz diente dazu, das Recht weiterzuentwikkeln, ohne die traditionelle Lehre direkt aufzugeben[67]. Mit ihrer Hilfe wurde eine neue Rechtsform unmittelbar an eine alte, bestehende angeknüpft und ihr so die Bestimmtheit und Ausbildung derselben zugewendet[68].

Diese dem klassischen römischen Recht eigene Art der Fortentwicklung des Rechtssystems durch Analogien führte dazu, daß nicht jeder actio ein Recht vorgegeben war[69]. Die Gerichtsregel hatte Selbständigkeit gegenüber der Rechtsregel[70] und vermochte sie sogar zu ersetzen[71]. Die actio konnte daher ohne eine eigenständige Grundlage im überkommenen Recht gewährt werden[72]. Sie widersprach dann zwar dem materiellen Recht (ius civile), schaffte aber Recht, weil der Prätor sie aufgrund der ihm übertragenen Befugnisse durchsetzte[73].

Dieses Verständnis der actio wurde in der jüngeren gemeinrechtlichen Literatur etwa ab Mitte des vorigen Jahrhunderts weitgehend aufgegeben. Das Klagerecht wurde nicht mehr als eine verselbständigte Befugnis unabhängig vom materiellen Recht angesehen, sondern als ihm innewohnend[74]. Erst ein Recht konnte eine Klage hervorbringen[75], so daß die gerichtliche Verfolgbarkeit eines Anspruchs nichts weiter war als die Konsequenz seiner rechtlichen Anerkennung[76]. Für die Rechtswissenschaft, die sich nicht einfach mit der Tatsache einer Klage aus Ersitzungsbesitz abfinden wollte, stellte sich zur Zeit der Entstehung des BGB damit die Aufgabe der Zurückführung der actio Publiciana auf ein Recht[77], wollte sie die Klage dogmatisch zutreffend erfassen und ihr Verhältnis zur rei vindicatio bestimmen.

Ansatzpunkt für die Bestimmung des gesuchten Rechts war die sog. bonae fidei possessio. Als bonae fidei possessio wurde die Stellung desjenigen bezeichnet, dem das dingliche Recht zwar nicht zustand, der aber der redlichen und durch Tatsachen gerechtfertigten Überzeugung war, daß es ihm zustehe[78].

---

[67] *Savigny*, System I, S. 295; *Jhering*, Geist d. röm. Rechts, S. 305; *Bülow*, AcP 62 (1879), S. 52.
[68] *Savigny*, Vom Beruf, S. 32; *Demelius*, S. 75 f.; *Unger*, Jherings Jahrb. 10 (1871), S. 9. 12.
[69] *Windscheid*, Die actio, S. 4.
[70] *Windscheid*, § 44 N. 2, S. 191.
[71] *Windscheid*, Die actio, S. 6.
[72] *Windscheid*, Die actio, S. 4 f.
[73] *Savigny*, System V, S. 80.
[74] *Dernburg*, § 127, S. 302.
[75] *Windscheid*, Die actio, S. 3.
[76] *Windscheid*, § 44, S. 191.
[77] *Windscheid*, Die actio, S. 229; *Ziebarth*, S. 109; *Unger*, Jherings Jahrb. 10 (1871), S. 9 N. 12.
[78] *Windscheid*, § 166, S. 854.

Dieses Verhältnis einer Person zur Sache wurde einesteils werdendes Eigentum[79] genannt, weil es zwar ein den vollen Umfang des in der Sache liegenden Nutzen ergreifendes, aber mit Rücksicht auf den bisherigen Eigentümer gesetzlich beschränktes und ihm noch unpräjudizierliches Recht an der Sache sei. Dieses im Selbstbesitz nur friedlich wirksame Recht zu einem aktiven, klagbaren zu machen, wenn der Besitz verloren worden war, sei der eigentliche Gedanke der publizianischen Klage gewesen[80]. Die Ersitzung und die actio Publiciana stünden als zwei Rechtsinstitute derselben Erwerbsart nebeneinander[81].

Während nach dieser Ansicht die bonae fidei possessio noch dem Eigentümer unpräjudizierlich war, wurde auch weitergehend angenommen[82], sie stelle bereits mit ihrem Entstehen ein Vermögensrecht des Erwerbers dar. Damit vermindere sich der Wert des Eigentums um den Wert dieses Vermögensrechtes[83]. Der redliche Besitzer teile die Rechte des Eigentümers in demselben Verhältnis wie der Wert seines Rechts zu dem des Eigentums stehe[84]. Die bonae fidei possessio sei ein Mittelding zwischen Besitz und Eigentum, nach der Nutzungsseite hin das Eigentum selbst[85]. Sie sei das noch neben dem Eigentum hergehende, eigentumsähnliche relative Recht an der Sache, welches auch als ius in re propria vorkommen könne, ja normalerweise wirklich vorkomme.

Dieses in der bonae fidei possessio zum Ausdruck gelangende relativ dingliche Recht sei die Klagegrundlage der actio Publiciana[86]. Das relativ dingliche Recht sei ein in seinen Elementen unbestimmtes, in seiner Wirkung aber bestimmtes Recht[87]. Es sei dasjenige Recht, welches hinreiche, den ihm entgegengesetzten rechtlichen Widerstand zu besiegen. Es verlange zu seinen Bestandteilen im einzelnen Fall nur irgendein Plus über die Berechtigung des Gegners hinaus. Mit diesem Plus operiere es dann ebenso wirksam wie das absolute Recht.

Eine andere Richtung in der jüngeren gemeinrechtlichen Literatur setzte für die dogmatische Einordnung der actio Publiciana bei den im Vergleich zur rei vindicatio unterschiedlichen Beweisanforderungen an. Da es nicht auf das Eigentum des Veräußerers ankam, erübrigte sich ein Zurückgehen auf frühere Erwerbsvorgänge. Die für die actio Publiciana erforderlichen Klagevoraussetzungen ergaben sich immer aufgrund des letzten Erwerbsvorganges, der

---

[79] *Huschke*, S. 18; *Scheurl*, S. 220.
[80] *Huschke*, S. 19; *Jhering*, Geist d. röm. Rechts, S. 367.
[81] *Huschke*, S. 20.
[82] *Jhering*, Abhandlungen, S. 87 ff.
[83] *Jhering*, Abhandlungen, S. 120.
[84] *Jhering*, Abhandlungen, S. 119.
[85] *Brinz*, S. 535.
[86] *Brinz*, S. 713; *Dernburg*, § 194, S. 453; *Hartmann*, S. 61 ff.
[87] *Deurer*, Jherings Jahrb. 1 (1857), S. 221 ff.

dem Kläger den Besitz der Sache verschafft hatte. Doch hatte der Kläger noch eine weitere Erleichterung. Ihm oblag lediglich der Beweis des Titels und des Besitzerwerbs. Fehlende Redlichkeit und das Vorliegen objektiver Ersitzungshindernisse hatte der Beklagte nachzuweisen. Diese Beweisverteilung wurde unterschiedlich begründet. Soweit die Ansicht[88] vertreten wurde, der Titel sei Grundlage und Rechtfertigung des guten Glaubens, kam ein gesonderter Beweis der Redlichkeit nicht mehr in Betracht, wenn ohnehin der Titel nachgewiesen werden mußte. Wurden Titel und guter Glaube als zwei voneinander unabhängige Merkmale angesehen[89], wurde angenommen, das Gesetz unterstelle die Redlichkeit und die Ersitzbarkeit von Sachen zugunsten des Klägers[90]. Diese Unterstellung sei gerechtfertigt, weil das Vorhandensein dieser Merkmale die Regel sei[91]. Unger[92] hat für diese Fälle gesetzlicher Annahmen den Begriff der Interimswahrheit geprägt. Einzelne Merkmale, die für das Entstehen oder den Fortbestand eines Rechts materiell vorliegen müßten, gehörten aufgrund der gesetzlichen Unterstellung als Interimswahrheit nicht zum prozessualen Klagefundament[93]. Werde die Unrichtigkeit der gesetzlichen Unterstellung vom Beklagten geltend gemacht, stelle sich dies als Erhebung der Einrede des nicht entstandenen Klagerechts dar.

Reichte der Nachweis des Titels und Besitzerwerbs zur Begründetheit der actio Publiciana aus, mußte für die rei vindicatio bei abgeleitetem Erwerb der oftmals viel schwierigere Beweis des Eigentums des Veräußerers erbracht werden. Trotz dieser höheren Anforderungen waren beide Klagen in ihren Rechtsfolgen jedoch vollkommen gleich[94]. Wenn auch durch die dogmatische Konstruktion vorgegeben, erschien die unterschiedliche praktische Handhabung beider Klagen durch nichts gerechtfertigt.

Thibaut[95] hielt daher die Anwendung der sog. probatio diabolica beim Eigentumsbeweis für unbillig. Wenn alle Bedingungen des Eigentumserwerbs in der Person des Klägers erweislich vorhanden seien und der Beklagte nicht den Beweis erbringen könne, daß jener Erwerb fehlerhaft gewesen sei, so werde der gemeine Verstand darauf bestehen, daß das Eigentum des Klägers vorauszusetzen sei[96]. Im Prozeß sei daher dem Kläger bis zum Gegenbeweis des Beklagten mit der Vermutung zu Hilfe zu kommen, daß der Auktor des Vindikanten zur Veräußerung befugt gewesen sei. Diese auf die Billigkeit gegründete Ansicht führte im Ergebnis zu einer Verschmelzung von rei vindicatio und

---

[88] *Windscheid*, § 199, S. 1017; *Savigny*, System III, S. 372.
[89] *Dernburg*, § 194, S. 453.
[90] *Wächter*, Bd. 1, S. 521; *Dernburg*, § 220, S. 514.
[91] *Unger*, System, S. 599 N. 50.
[92] System, S. 598.
[93] *Wächter*, Bd. 1, S. 523 f.; *Unger*, System, S. 599 f. Dort auch das Folgende.
[94] *Windscheid*, § 199, S. 1015 f. m.w.N. in N. 3.
[95] AcP 6 (1823), S. 311 ff.
[96] *Thibaut*, AcP 6 (1823), S. 314.

actio Publiciana und damit zu einem erleichterten Eigentumsbeweis. Sie wurde aber lediglich von Brinz[97] und Pagenstecher[98] übernommen und konnte sich nicht allgemein durchsetzen. Thibaut gab diese Ansicht später[99] selbst auf.

Wendt[100] unternahm den Versuch, die Lehre Thibauts auf eine neue Grundlage[101] zu stellen. Die Frage, welche Tatsachen der Kläger bei der rei vindicatio zu beweisen habe, sei ausschließlich nach prozeßrechtlichen Gesichtspunkten zu beantworten. Die Prozeßlehre unterscheide im allgemeinen zwischen causa efficiens und condicio sine qua non. Zum Klagegrund gehörten nur diejenigen Tatsachen, welche für das Recht des Klägers die Bedeutung der causa efficiens haben, während alles, was sich dazu nur als Voraussetzung und Bedingung darstelle, condicio sine qua non sei und zur Beweislast des Beklagten gehöre. Beim Eigentumserwerb sei der Titel die das Eigentum begründende Tatsache, das Eigentum des Vormannes habe nur die Bedeutung einer condicio sine qua non des Erwerbs. Zwar werde kein Eigentum erworben, wenn es dem Veräußerer an Eigentum oder Verfügungsgewalt gefehlt habe, aber daraus könne der Beklagte lediglich Einreden für sich herleiten, die er zu beweisen habe.

Die Ausführungen Wendts gaben Anlaß zu einer literarischen Kontroverse[102] über den Eigentumsbeweis. Sie gipfelte darin, daß von einer Seite[103] gefordert wurde, den Gegensatz von rei vindicatio und actio Publiciana der Rechtsgeschichte zu überweisen. Das Petitorium des heutigen Rechts sei als ein einheitliches darzustellen, gewissermaßen als Kreuzung von rei vindicatio und actio Publiciana, derart, daß die Besonderheiten der actio Publiciana als Änderungen des Rechts der rei vindicatio erschienen. Auswirkungen zeigte die neu entfachte Diskussion jedoch keine mehr, da inzwischen die Verabschiedung des BGB in seiner endgültigen Fassung bevorstand und damit zugleich Streitfragen zum römischen Recht ihre praktische Bedeutung verloren.

---

[97] S. 652.
[98] S. 143.
[99] Ab der 7. Aufl. seines Lehrbuchs, § 566 N. 12.
[100] AcP 76 (1890), S. 397.
[101] Einhellige Ablehnung erfuhren hingegen die Begründungsversuche von *Tigerström*, *Henschel* und *Kritz*. Nach *Tigerström*, S. 23 ff., soll es unzulässig gewesen sein, vom Vindikanten auch den Beweis des Eigentums seines Rechtsvorgängers zu verlangen. Von dem Rechte seines Auktors könne er keine Kenntnis haben, was ihm daher nicht zum Nachteil gereichen dürfe. Der Vindikant brauche immer nur seinen redlichen Erwerb nachzuweisen. Zum gleichen Ergebnis kamen *Henschel*, AcP 9 (1826), S. 316 ff., und *Kritz*, S. 70 f., mit der Behauptung, durch die Aufhebung des Unterschieds von quiritischem und bonitarischem Eigentum im nachklassischen römischen Recht seien rei vindicatio und actio Publiciana zu einer actio in rem verschmolzen.
[102] *Pflüger*, AcP 77 (1891), S. 16 ff.; ders., AcP 78 (1892), S. 311 ff. einerseits; *Meyer*, AcP 77 (1891), S. 364 ff.; ders., AcP 79 (1892), S. 335 ff. andererseits.
[103] *Pflüger*, AcP 78 (1892), S. 319.

Schulin[104] vertrat schließlich die Auffassung, die actio Publiciana sei im Gegensatz zur rei vindicatio eine Klage, die sich nicht darauf stütze, daß dem Kläger irgendein Recht an der Sache zustehe. Wer die Existenz der zur Begründung der actio Publiciana notwendigen Voraussetzungen in seiner Person nachweisen könne, werde mit dieser Klage stets siegen, wenn auch das durch dieselben Tatsachen in seiner Person begründete Recht schon längst untergegangen sei. Für denjenigen, in dessen Person die Klage einmal begründet sei, bleibe sie für immer begründet, weil sie sich ausschließlich auf Tatsachen stütze und Tatsachen niemals ungeschehen gemacht werden könnten.

cc) Der publizianische Anspruch des ersten Entwurfs

Die erste Kommission[105] entschied sich unter ausdrücklicher Ablehnung der deutsch-rechtlichen Alternative grundsätzlich für die Annahme einer sich an die actio Publiciana anschließenden Regelung, die den Verkehr noch mehr als der gutgläubige Eigentumserwerb erleichtern sollte. Die Voraussetzungen der gemeinrechtlichen actio Publiciana bedurften jedoch erheblicher Modifikationen, damit sich die publizianische Klage in das Gefüge des Entwurfs zum BGB einpaßte. Zunächst kam für die erste Kommission das Erfordernis des Titels nicht in Frage. Der Titel sei in der gemein-rechtlichen Lehre nur deshalb für den Erwerb einer dinglichen Rechtsstellung verlangt worden, weil die Selbständigkeit des Sachenrechts gegenüber dem Schuldrecht nicht genügend beachtet worden sei[106]. Der Titel zur Erwerbung eines dinglichen Rechts sei aber nichts anderes als der persönliche Anspruch auf Einräumung desselben. Um seine Selbständigkeit zu wahren, müsse das Sachenrecht die Erwerbung der dinglichen Rechte nach Gesichtspunkten ordnen, die auf seinem Gebiet lägen. Die Voraussetzungen des Erwerbs nicht minder als den Inhalt der einzelnen Rechte habe das Sachenrecht zu bestimmen.

Des weiteren waren die übrigen Voraussetzungen der Ersitzungslage, an welche die römische actio Publiciana angeknüpft hatte, durch frühere Beschlüsse der ersten Kommission erheblich verändert. Im gemeinen Recht war noch zwischen der ordentlichen und der außerordentlichen Ersitzung unterschieden worden. Daran anlehnend hatte Johow in § 139 seines Vorentwurfs eine ordentliche Ersitzung aufgenommen, die ausschließlich der Heilung des fehlenden Eigentums des Veräußerers bei einem im übrigen allen Anforderungen entsprechenden und nachzuweisenden Erwerbsgeschäfts diente.

---

[104] *Schulin*, S. 3, 147.
[105] Protokolle I, S. 4238, bei *Jakobs/Schubert*, Sachenrecht, S. 866.
[106] So bereits *Johow* in seiner Vorlage II zum Rechtsgrund der Eintragung des Grundstücks-Erwerbers in dem Grundbuche. v. *Kübel* stimmte dem in seinem Gegenvorschlag zu. Die Hauptkommission bestätigte diese Ansicht ebenfalls in der Sitzung vom 15.10. 1875; s. bei *Jakobs/Schubert*, Sachenrecht, S. 44, 65 und 69.

Nachdem die erste Kommission den gutgläubigen Eigentumserwerb zugelassen hatte, wären für eine solch eingeschränkte ordentliche Ersitzung nur die Fälle der abhanden gekommenen Sachen übriggeblieben[107].

Eine Ausdehnung der ordentlichen Ersitzung auf die Unkenntnis über jeden anderen Mangel der Eigentumserwerbung erschien der ersten Kommission[108] bedenklich, weil diese Unkenntnis nicht mit der über das fehlende Eigentum vergleichbar sei. Nach ihrer Ansicht[109] kam sie daher nur im Hinblick auf die abhanden gekommenen Sachen in Betracht. Sie sei aber einmal für den bisherigen Eigentümer mißlich und andererseits durch die Rücksicht auf den Erwerber nicht gefordert.

Statt dessen sollte eine Ersitzung ähnlich der außerordentlichen Ersitzung des gemeinen Rechts zugelassen werden, die ohne Zurückgehen auf die Erwerbungsart lediglich eine gewisse Dauer des (Eigen-)besitzes zur Voraussetzung hatte. Mit dem Absehen von der konkreten Erwerbungsart hatte nach Ansicht der Kommission[110] auch der positive Nachweis einer Grundlage des guten Glaubens zu entfallen, weil eine solche Grundlage nur in der Erwerbungsart gefunden werden konnte. Hätte sie nun die publizianische Klage an den Nachweis der Ersitzungslage geknüpft, hätte der Kläger nur seinen früheren Besitz zur Klagebegründung beweisen müssen. Die Klage wäre so zu einem lediglich auf den älteren (Eigen-)besitz gestützten und damit als Besitzvindikation erscheinenden Rechtsmittel geworden[111].

Dies entsprach nicht der Vorstellung der ersten Kommission. Ihre Publiziana sollte dem Berechtigten eine zwar dem Eigentum weichende, in Ansehung ihres Inhaltes aber analog zu beurteilende Rechtsposition verschaffen[112]. Damit stand für sie zugleich fest, daß sämtliche im einzelnen noch zu bestimmenden Entstehungsvoraussetzungen dieser Rechtsposition vom Kläger bewiesen werden sollten. Deswegen knüpfte die erste Kommission zwar grundsätzlich an die von ihr beschlossene Ersitzung an, setzte aber den guten Glauben des Anspruchsberechtigten in die Voraussetzung für den Eintritt der Rechtsnorm. Der Kläger müsse so auf den Zeitpunkt seiner Besitzerwerbung zurückgehen und Umstände darlegen, welche geeignet seien, seinen guten Glauben zu begründen. Dagegen könne es auf Art und Weise eines Besitzverlustes, auf den das deutsche Recht abstelle, nicht ankommen, weil diese über das Entstandensein einer Rechtsposition keinerlei Aufschluß geben könnten. Zugleich wurde die publizianische Rechtsposition auf die Fälle des Besitzer-

---

[107] Protokolle I, S. 4038, bei *Jakobs/Schubert*, Sachenrecht, S. 622.
[108] Protokolle I, S. 4039, bei *Jakobs/Schubert*, Sachenrecht, S. 622.
[109] Protokolle I, S. 4039, bei *Jakobs/Schubert*, Sachenrecht, S. 622.
[110] Protokolle I, S. 4039, bei *Jakobs/Schubert*, Sachenrecht, S. 622.
[111] Protokolle I, S. 4240, bei *Jakobs/Schubert*, Sachenrecht, S. 867.
[112] Protokolle I, S. 4239 ff., bei *Jakobs/Schubert*, Sachenrecht, S. 866 ff. Dort auch das Folgende.

werbs im Rahmen eines auf Eigentumsübertragung gerichteten Rechtsgeschäfts beschränkt. Aus dem römischen Recht übernommen wurden die Einschränkungen, daß die actio Publiciana nicht gegenüber dem Eigentümer durchdrang, ebenso nicht gegenüber jemandem, der sich selbst in der Ersitzungslage befand. Die Vorschrift über die publizianische Rechtsposition war in § 945 Entwurf I gefaßt:

„Die Vorschriften der §§ 929 bis 944[113] über die dem Eigentümer zustehenden Ansprüche finden entsprechende Anwendung zugunsten desjenigen, welcher den Besitz[114] einer beweglichen Sache erworben hat, sofern er bei dem Besitzerwerbe den Umstand nicht gekannt hat, durch welchen der Erwerb des Eigenthumes an der Sache verhindert worden ist, und seine Unkenntniß auch nicht auf grober Fahrlässigkeit beruht hat. Die Vorschrift des § 877 Satz 2[115] findet entsprechende Anwendung.

Die aus der Vorschrift des ersten Satzes des ersten Absatzes sich ergebenden Ansprüche können jedoch nicht gegen den Eigenthümer und auch nicht gegen denjenigen geltend gemacht werden, bei welchem die Voraussetzungen jener Vorschrift gleichfalls zutreffen, es sei denn, daß der letztere seinen Erwerb von dem nämlichen Rechtsvorgänger aus einer späteren Veräußerung desselben herleitet."

Durch Verweisung in den §§ 951, 1017 Entwurf I auf § 945 Entwurf I fanden die publizianischen Grundsätze entsprechende Anwendung beim Miteigentum und beim Nießbrauch an beweglichen Sachen.

2. Der Eigentumsanspruch im zweiten Entwurf zum BGB

Der erste Entwurf zum BGB erfuhr nach seiner Veröffentlichung im Jahre 1888 zum Teil heftige Kritik, die sich u.a. an den Vorschriften über den publizianischen Anspruch entzündete. Der Bundesrat[116] entschied schließlich, daß der Entwurf insgesamt durch eine zweite Kommission überarbeitet werden sollte. Die zweite Kommission konnte sich bei ihren Beratungen teilweise auf Überlegungen einer Vorkommission des Reichsjustizamtes[117] stützen, von der Sitzungsprotokolle aus den Jahren 1891 bis 1893 überliefert sind.

Beide Kommissionen[118] gaben die noch von der ersten Kommission getroffene Unterscheidung von Besitz und Inhabung auf und bezeichneten jedes rechtlich in Betracht kommende Besitzverhältnis als Besitz. Entsprechend dieser geänderten Terminologie richtete sich der Vindikationsanspruch

---

[113] Die Vorschriften entsprechen den §§ 985–1004 BGB, s. bei *Jakobs/Schubert*, Sachenrecht, S. 760 f.
[114] Der Besitz des Entwurfs I umfaßte nach dessen § 797 nur den Eigenbesitz.
[115] Die Vorschrift entspricht § 142 Abs. 2 BGB, s. bei *Jakobs/Schubert*, Sachenrecht, S. 612, 614.
[116] Nachw. bei *Jakobs/Schubert*, Einführung, S. 350.
[117] S. dazu *Jakobs/Schubert*, Einführung, S. 54.
[118] Protokolle des Reichsjustizamtes, S. 600, bei *Jakobs/Schubert*, Sachenrecht, S. 128; Protokolle II, Bd. 3, S. 28.

nicht mehr, wie im ersten Entwurf, gegen Besitzer und Inhaber, sondern ausschießlich gegen den Besitzer.

Um die Durchsetzung des Vindikationsanspruchs zu erleichtern, nahmen die Kommissionen[119] den Vorschlag an, aus dem Besitz abgeleitete Eigentumsvermutungen in den Entwurf des BGB aufzunehmen, die in § 1006 BGB Gesetz wurden. Unterschiede bestanden jedoch hinsichtlich der Übernahme des publizianischen Anspruchs in § 945 Entwurf I.

a) Vorkommission des Reichsjustizamtes

Die Vorkommission des Reichsjustizamtes wollte die publizianische Rechtsposition grundsätzlich beibehalten. Sie sollte allerdings in drei Punkten Änderungen erfahren:

1. Der gute Glaube des Klägers war nicht mehr von ihm zu beweisen, sondern wurde vermutet.

2. Anders als nach § 945 Abs. 2 Entwurf I ging nicht grundsätzlich der spätere Besitzerwerb vor, sondern es wurde unterschieden: Wenn der Kläger seinen Besitz freiwillig aufgegeben hatte, so ging der Beklagte vor; wenn dagegen der Kläger den Besitz ohne seinen Willen verloren hatte, so mußte der Beklagte, um durchzudringen, seinerseits einen originären Eigentumserwerb nachweisen. Diese Unterscheidung galt auch, wenn Kläger und Beklagter ihr Recht von demselben Eigentümer ableiteten.

3. Die mala fides superveniens sollte in jedem Falle die publizianische Rechtsposition zerstören.

b) Die zweite Kommission

Die publizianische Rechtsposition in der von der Vorkommission des Reichsjustizamtes gebilligten Ausgestaltung wurde von deren Mitglied Achilles[120] als Antrag 5 in die Beratungen der zweiten Kommission eingebracht[121], jedoch vor der Abstimmung zurückgezogen. Die zweite Kommission entschied sich für den von Jacubezky[122] eingebrachten Antrag 8, der bis auf redaktionelle Änderungen bereits der in § 1007 BGB Gesetz gewordenen Vorschrift entspricht. Den Antrag 9, die von Jacubezky vorgeschlagenen Bestimmungen auf den Eigenbesitzer zu beschränken[123], lehnte sie ab. Als Grund

---

[119] Protokolle des Reichsjustizamtes, S. 967 f., bei *Jakobs/Schubert*, Sachenrecht, S. 871; Protokolle II, Bd. 3, S. 382.
[120] *Jakobs/Schubert*, Einführung, S. 54, 91.
[121] *Jakobs/Schubert*, Sachenrecht, S. 873 f.
[122] *Jakobs/Schubert*, Sachenrecht, S. 874.
[123] *Jakobs/Schubert*, Sachenrecht, S. 874; Protokolle II, Bd. 3, S. 381 ff., dort auch das Folgende.

ihrer Entscheidung führte die zweite Kommission an, für einen lediglich auf den Eigenbesitzer beschränkten publizianischen Anspruch habe neben den von ihr beschlossenen Eigentumsvermutungen kein Bedürfnis mehr bestanden. Der mit dem publizianischen Anspruch verbundene Vorteil der Abschneidung der exceptio de iure tertii allein sei nicht erheblich genug, die Beibehaltung der verwickelten Bestimmungen über den publizianischen Anspruch zu rechtfertigen. Auch lasse sich bezweifeln, ob die Abschneidung dieser Einrede der Gerechtigkeit entspreche. Zumindest insoweit, als der klagende frühere Besitzer den Besitz rechtswirksam aufgegeben habe, müsse der Einwand zugelassen werden, ein Dritter sei Eigentümer.

Die zweite Kommission charakterisiert schließlich die von ihr beschlossene Vorschrift dahin, daß sie im wesentlichen entsprechend dem preußischen Recht den publizianischen Anspruch des Entwurfs I zu einem verallgemeinerten Anspruch aus früherem Besitz gegen den Schlechterberechtigten umgestalte[124].

---

[124] Protokolle II, Bd. 3, S. 383; ebenso Denkschrift, S. 205.

III. Die bisherige Deutung des § 1007 BGB

Die Entstehungsgeschichte des § 1007 BGB scheint auf den ersten Blick durch Diskontinuität gekennzeichnet zu sein. Obwohl die erste Kommission mit ihrer publizianischen Rechtsposition an das in weiten Teilen Deutschlands geltende römische Recht anknüpfen wollte, sah sie sich doch zu erheblichen Abweichungen gezwungen. Die zweite Kommission spricht gar von einer Umgestaltung des publizianischen Anspruchs zu einem Anspruch aus früherem Besitz gegen den Schlechterberechtigten. Offen bleibt dabei, ob der frühere Besitz lediglich als tatsächliche Sachherrschaft zu verstehen ist, so daß es sich bei den Ansprüchen aus § 1007 BGB um verdinglichte persönliche Ansprüche aus Besitzverletzung[125] handelte, oder ob er als dingliches Recht bzw. Rechtsposition zu begreifen ist, zu dessen bzw. deren Verwirklichung dem früheren Besitzer die Ansprüche aus § 1007 BGB gegeben sind.

Es kann daher nicht verwundern, daß in Anlehnung an deutsch-rechtliche oder römisch-rechtliche Ansätze oder an eine Kombination aus beiden fast jede nur denkbare Deutung des § 1007 BGB vertreten wird.

1. § 1007 BGB als Ausformung der deutsch-rechtlichen Fahrnisklage

Bereits vor der endgültigen Verabschiedung des zweiten Entwurfs zum BGB im Reichstag behauptete Pflüger[126], die Klage aus der dem § 1007 BGB entsprechenden Vorschrift des § 919 Entwurf II sei nichts anderes als die „leibhaftige dingliche Klage deutschen Rechts". Bei ihr werde nicht nach dem Recht des Klägers zum Besitz gefragt, sondern lediglich, wie er den Besitz der Sache verloren habe. Der Kläger habe nur unfreiwilligen Besitzverlust nachzuweisen oder Hingabe der Sache mit seinem Willen zu Pfand, Leihe oder dergleichen. Die Klage aus § 1007 BGB unterscheide sich nur in der Gewährung eines Anspruchs gegen den dritten bösgläubigen Besitzer wegen an-

---

[125] Im römischen Recht wurden persönliche Klagen (actiones in personam), die aber gegen unbestimmt viele Gegner, namentlich gegen jeden Besitzer einer Sache wie sonst nur dingliche Klagen (actiones in rem) gerichtet werden konnten, als actiones in rem scriptae bezeichnet, *Savigny*, System V, S. 24 f. Die 1. Kommission hatte sich noch ausdrücklich gegen die Ausgestaltung der actio Publiciana als einer actio in rem scripta ausgesprochen, Protokolle I, S. 4239, bei *Jakobs/Schubert*, Sachenrecht, S. 867.

[126] Jherings Jahrb. 35 (1896), S. 451.

1. § 1007 BGB als Ausformung der deutsch-rechtlichen Fahrnisklage

vertrauter Sachen vom deutschen Recht des Mittelalters, das in diesem Fall nur eine Klage gegen den Empfänger der Sache zugelassen habe[127].

Durch die Klage aus § 1007 BGB werde eine besondere Vindikationsklage des Eigentümers überflüssig. Da die überkommene Theorie aber ein Rechtssystem ohne Eigentumsklage nicht habe denken können, sei sie mit Hilfe des § 918 Entwurf II (§ 1006 BGB) ins neue Recht hinübergerettet worden. Sie könne jedoch ohne Nachteil gestrichen werden, da ihr Anwendungsbereich ganz in dem des § 1007 BGB aufgehe.

Nach Verabschiedung des Bürgerlichen Gesetzbuches befaßte sich alsbald Otto v. Gierke[128] ausführlich mit § 1007 BGB.

Die Klage des § 1007 BGB beruhe auf dem Satz, daß der vom Besitz begründete Schein des Besitzrechts durch unfreiwilligen Besitzverlust nicht zerstört werde. Bei ihr handele es sich daher nicht lediglich um einen Besitzstreit, sondern um einen Besitzrechtsstreit, in dem der Nachweis des besseren Besitzrechts unbedingt den Sieg verleihe. Dieses „bessere" Besitzrecht sei aber nicht schon mit dem Nachweis eines dinglichen Rechts und selbst nicht des Eigentums dargetan. Hinzu kommen müsse der gute Glaube, daß man „besser" zum Besitz berechtigt sei. Nur ein in diesem Sinne gutgläubig erlangter Besitz könne ein Besitzrecht aus früherem Besitz ergeben. Unredlich erworbener Besitz sei niemals imstande, ein Recht auf den Besitz zu begründen. Habe dem früheren Besitzer gleichwohl ein dingliches oder obligatorisches Besitzrecht zugestanden, könne er dieses doch nicht auf den Besitz stützen. Für den Besitzrechtsstreit stehe seine Nichtberechtigung fest. Werde der Eigentümer, der seine verpfändete Sache sich eigenmächtig wieder verschafft habe, vom Pfandgläubiger auf Herausgabe verklagt, so habe er neben seinem Eigentum auch das Erlöschen des Pfandrechts darzutun. Aber auch bei redlicher Besitzergreifung könne der Schein des Besitzrechts aus Besitz zerstört werden mit der Folge, daß die Besitzrechtsklage keine Anwendung finde. Dies sei der Fall, wenn der beklagte Besitzer einen eigenen unfreiwilligen Besitzverlust noch vor der Besitzzeit des früheren Besitzers nachweisen könne. Der Schein des Rechts spreche vielmehr dann für den Beklagten.

Die in dieser Vorschrift geregelte Klage aus früherem Besitz spreche zwar nur vom tatsächlich gehabten Besitz als stets notwendigem Teil des Klagegrundes. Sie sei aber ausschließlich zur Wiedererlangung von unfreiwillig verlorenem Besitz bestimmt. Dementsprechend setze § 1007 Abs. 2 BGB ein Abhandenkommen der Sache als zweiten Bestandteil des Klagegrundes voraus. Daß nach § 1007 Abs. 1 BGB und bei Geld und Inhaberpapieren statt dessen der böse Glaube des Besitzers nachzuweisen sei, ergebe sich allein aus

---

[127] S. o. bei N. 24.
[128] Fahrnisklage, S. 46 ff.

der Beweislastverteilung. Den bösgläubigen Besitzer solle die Beweislast treffen, daß der frühere Besitzer den Besitz freiwillig aufgegeben habe.

Insgesamt gesehen sei die Klage aus früherem Besitz somit die rechte Erbin der Fahrnisklage aus unfreiwillig verlorener gewere. Alle Unterschiede zwischen der Fahrnisklage und § 1007 BGB beträfen mehr den äußeren Bau als das innere Wesen der Klage und ließen den gemeinsamen Grundgedanken unberührt.

In der Nachfolge Otto v. Gierkes stellt Crome[129] als tragenden Gesichtspunkt zu § 1007 BGB heraus, daß für diese Vorschrift der Besitz selbst als genügender Teil der Berechtigung erscheine; die Unfreiwilligkeit des Besitzverlustes bilde die Grundlage des Anspruchs. Es handele sich um eine Besitzvindikation, beruhend auf dem Gedanken, daß der Besitz die Rechte vertrete und demnach auch zum Schutz derjenigen Rechte führe, die im Sachbesitz ihre Verwirklichung und angemessenen Ausdruck fänden. Sie hänge eng zusammen mit der Vermutung aus Besitz in § 1006 BGB. Aber die Vermutung vertrete nicht das Recht, sondern beweise das Recht, bis es gelinge, einen abweichenden Rechtszustand darzutun. Der Anspruch aus früherem Besitz stehe daher mit eigener Grundlage neben den Besitzansprüchen aus verbotener Eigenmacht und neben dem Eigentumsanspruch. Dieses Verständnis des § 1007 BGB als Klage aus unfreiwilligem Besitzverlust wird von einer ganzen Reihe von Autoren geteilt[130].

Dulckeit[131] sieht in § 1007 BGB ein Beispiel für die Verdinglichung obligatorischer Rechte. Die Vorschrift verwirkliche den in der Klage aus gebrochener gewere enthaltenen Gedanken, daß die bloße Forderung auf ein dingliches Recht durch die Leistung in ihrer typischen Erscheinungsform, der gewere, ohne weiteres zu einem dinglichen Recht erstarke. Die Vergünstigung einer gewissen Verdinglichung seines Rechts genieße zwar nur derjenige obligatorisch Berechtigte, dessen Recht im Besitz kundbar geworden sei: Trotzdem erfahre aber nicht der Besitz als solcher diesen Schutz, sondern das im Besitz vermutungsweise verkörperte Recht. § 1007 BGB gewähre daher nur dem besitzberechtigten früheren Besitzer einen Herausgabeanspruch, wobei allerdings der gute Glaube an ein in Wahrheit nicht vorhandenes dingliches oder obligatorisches Besitzrecht ausreiche. Denn § 1007 BGB unterscheide nicht zwischen dinglich und bloß obligatorisch berechtigten Besitzern, woraus folge, daß nicht nur Eigentum, sondern auch jedes obligatorische Besitzrecht gutgläubig erworben werden könne. Das Besitzrecht sei in § 1007 BGB dem Eigentum völlig gleichgestellt.

---

[129] S. 241 ff.
[130] *Dernburg*, Sachenrecht, S. 384; *Matthiass*, S. 96; *Kuhlenbeck*, S. 142; *Cuypers*, S. 31; *Löw von und zu Steinfurt*, S. 15; *Giese*, S. 26; *Loos*, S. 71; *Schimanski*, S. 56; *Scherer*, S. 34; *Effertz*, S. 45; *Gaede*, S. 29 f.; *Lange*, S. 23; *Vorbeck*, S. 30; *Müller*, S. 49, 54; *Janiszewski*, S. 63; *Feustel*, S. 8.
[131] S. 14 ff.

1. § 1007 BGB als Ausformung der deutsch-rechtlichen Fahrnisklage

Wenn auch eine gewisse Ähnlichkeit des § 1007 BGB mit der deutschrechtlichen Fahrnisklage nicht geleugnet werden soll, sind die Unterschiede jedoch so gravierend, daß nicht von einem Fortleben der Fahrnisklage in § 1007 BGB gesprochen werden kann. In Betracht käme dies ohnehin nur für die Klage auf Herausgabe abhanden gekommener Mobilien als einem der beiden Unterfälle der Fahrnisklage. Der zweite Unterfall, die Klage auf Herausgabe anvertrauter Sachen[132], hat im BGB auch nicht ansatzweise seine Entsprechung gefunden. Denn entgegen der Ansicht Pflügers[133] reicht zur Klagebegründung nicht der Nachweis aus, daß die Sache zu Pfand, Leihe oder dergleichen hingegeben worden sei. Damit behauptet der Kläger zwar keine Besitzaufgabe, die den Anspruch nach § 1007 Abs. 3 Satz 1 BGB ausschlösse, es fehlt aber an der Bösgläubigkeit des Beklagten. Sie ist nur gegeben, wenn dem Beklagten bereits bei Besitzerwerb kein Besitzrecht zur Seite stand. Der spätere Wegfall des Besitzrechts und eine dadurch eintretende mala fides superveniens sind unerheblich.

Aber auch in der Beschränkung auf die Klage auf Herausgabe abhanden gekommener Mobilien ist § 1007 BGB nicht mit der Fahrnisklage vergleichbar. § 1007 BGB setzt zwar, wie die Fahrnisklage, unfreiwillig verlorenen Besitz des Klägers voraus; anders als bei der Fahrnisklage reicht dies für § 1007 BGB aber nicht aus. Hinzu kommen muß ein redlicher Besitzerwerb (§ 1007 Abs. 3 Satz 1 BGB). Nur den durch einen gutgläubigen Erwerb qualifizierten Besitz läßt § 1007 BGB als Klagegrundlage ausreichen. Demgegenüber genügte für die Fahrnisklage jeglicher Besitz, selbst wenn er dolos erworben war. Denn jede Gewahrsamsbegründung verschaffte bei beweglichen Sachen die gewere, die im Prozeß den Nachweis des Rechts ersetzte. Redlich und unredlich erworbener Besitz sind aber allenfalls vergleichbar, sofern Rechtsfolgen aus dem Besitz als solchem, das heißt aus der tatsächlichen Sachherrschaft, in Frage stehen. Um solche Rechtsfolgen ging es aber bei der Fahrnisklage nicht. Das deutsche Recht kannte keinen Schutz, den es dem Besitz um seiner selbst willen angedeihen ließ[134]. Die Entziehung des Besitzes wurde nur mit Rücksicht auf das dahinter stehende Recht als unverträglich mit der Rechtsordnung angesehen. Daß die Fahrnisklage trotzdem lediglich an die Tatsache des früheren Besitzes anknüpfte, mag sich aus einem fehlenden Bedürfnis differenzierterer Betrachtung zur Zeit der Geltung deutschen Rechts ergeben[135]. Für das BGB kann dies jedoch nicht mehr gelten. Selbst die Vermutungen aus dem Besitz in § 1006 BGB werden gegenüber ihrem Wortlaut

---

[132] S.o. bei N. 24.
[133] S.o. bei N. 126.
[134] *Heusler*, Die Gewere, S. 106.
[135] So insbesondere *Heusler*, Die Gewere, S. 487 ff.; ders., Institutionen II, S. 3 ff.; z.T. wurde aber auch angenommen, mit jeder Erlangung der gewere werde das in ihr verkörperte Recht erworben; Nachw. bei *Heusler*, Institutionen, a.a.O. In diese Richtung ebenfalls *Gerber*, S. 179, der allerdings eine Ausnahme macht bei doloser Inbesitznahme.

einschränkend dahin ausgelegt, daß nur der Erwerb des Rechts zugleich mit der Erlangung des Besitzes vermutet werde.

Soweit in § 1007 BGB in Fortentwicklung der Klage aus gebrochener gewere eine Verdinglichung obligatorischer Rechte zum Ausdruck kommen soll, kann auch dieser Ansicht nicht gefolgt werden. § 1007 BGB Abs. 3 Satz 1 BGB zwingt nicht zu der Annahme, daß der frühere Besitzer ausschließlich aufgrund eines vom Berechtigten oder gutgläubig vom Nichtberechtigten erworbenen Besitzrechts Herausgabe der Sache verlangen kann. Die Bestimmung besagt nicht mehr, als daß derjenige, der sich guten Glaubens zum Besitzerwerb berechtigt hielt, geschützt sein soll[136]. Die Verdinglichung obligatorischer Rechte würde zudem den numerus clausus der Sachenrechte sprengen und zu einer nicht hinnehmbaren Beschränkung des Eigentums führen. Ein gutgläubig erworbenes Besitzrecht würde nicht nur einem früheren Besitzer als Grundlage seines Herausgabeanspruchs dienen, sondern könnte als dingliches Recht vom gegenwärtigen Besitzer dem Eigentümer entgegengesetzt werden, der eine ihm gehörende Sache zu vindizieren sucht.

2. § 1007 BGB als Anspruch aus vermutetem Recht

Bei einem Vergleich der Tatbestandsmerkmale der §§ 1006, 1007 BGB fällt eine gewisse Ähnlichkeit der beiden Vorschriften auf. Hier wie dort werden an das Abhandenkommen der Sache Rechtsfolgen geknüpft, von denen in beiden Fällen Geld und Inhaberpapiere ausgenommen sind. Gleichgültig, ob der Kläger seine Herausgabeklage auf die §§ 1006, 985 BGB oder § 1007 BGB stützt, er wird nur erfolgreich sein, wenn er bei Besitzerwerb gutgläubig war. Der Gedanke liegt daher nicht fern, die in § 1006 BGB positivierten Rechtsvermutungen als allgemeines Prinzip auch für § 1007 BGB fruchtbar zu machen. Es wird daher die Ansicht[137] vertreten, § 1007 BGB lasse zugunsten des früheren Besitzers unter bestimmten Voraussetzungen die Rechtsvermutungen des § 1006 BGB weiterwirken. Der Herausgabeanspruch des § 1007 BGB gründe sich auf das vermutete Recht des früheren Besitzers zum Besitz, das den Verlust der tatsächlichen Gewalt überdauere und den Anspruch auf Wiedereinräumung des Besitzes erhalte. Bei § 1007 BGB gehe es letztlich um das Recht zum Besitz. Die Vorschrift wolle einen darüber entstandenen Streit entscheiden, wenn keinem der Streitenden der Nachweis eines Rechts auf den Besitz gelinge. Wie bei § 1006 BGB müsse der frühere Besitzer zunächst die für den gegenwärtigen Besitzer sprechende Vermutung

---

[136] *Diederichsen*, S. 63 N. 209.
[137] *Endemann*, S. 247 ff.; *Rhode*, S. 86 ff.; *Westermann*, S. 171 ff.; ders., AcP 152 (1952/53), S. 95; *Baur*, § 9 IV, S. 73; *Canaris*, S. 398; *Krückmann*, S. 560; *Erman/Hefermehl*, § 1007 Rz 4; *Goldmann*, S. 56; *Neikes*, S. 51; *Peipers*, S. 106; *Frank*, S. 29; *Lorey*, S. 9; *Ludolph*, S. 17; *Beck*, S. 22; *Miethke*, S. 25; *Goldstein*, S. 19; *Neumann*, S. 11.

2. § 1007 BGB als Anspruch aus vermutetem Recht

rechtmäßigen Besitzes ausräumen. Dies geschehe durch Beweis des Abhandenkommens der Sache beim früheren Besitzer oder des bösgläubigen Besitzerwerbs des gegenwärtigen Besitzers. Sei dieser Beweis erbracht, bestehe zugunsten des früheren Besitzers aufgrund seines früheren Besitzes die Vermutung für ein zugrundeliegendes Recht.

Gegen die Annahme, § 1007 BGB liege eine Rechtsvermutung der in § 1006 BGB geregelten Art zugrunde, spricht jedoch, daß der Anspruch aus § 1007 BGB ohne jedes wirkliche Recht zum Besitz durchgesetzt werden kann. Rechtsvermutungen lassen dagegen stets den Beweis des Gegenteils zu, sofern ihn das Gesetz nicht ausdrücklich ausschließt[138]. Da § 1006 BGB einen solchen Ausschluß nicht enthält, können seine Rechtsvermutungen anerkanntermaßen durch den Beweis des Gegenteils widerlegt werden. Eine § 1007 BGB etwa zugrundeliegende Rechtsvermutung wäre daher nicht mit den Vermutungen in § 1006 BGB vergleichbar.

Da § 1007 BGB auch für den Fremdbesitzer gilt, müßte zudem angenommen werden, daß nach dieser Vorschrift aufgrund des Besitzes nicht nur jedes dingliche, sondern sogar jedes obligatorische Besitzrecht zu vermuten sei. Die zweite Kommission ging jedoch offensichtlich davon aus, daß die Eigentumsvermutungen des § 1006 BGB nicht ohne weiteres auf andere Rechte übertragbar seien. Sie ordnete die entsprechende Anwendung für Nießbrauch und Pfandrecht in den §§ 1066, 1227 BGB besonders an. Die Gesetzessystematik spricht daher gegen die Annahme, die zweite Kommission habe eine allgemeine unwiderlegliche Vermutung für die Rechtmäßigkeit früheren Besitzes, d.h. wahlweise für beliebige dingliche oder obligatorische Besitzrechte vorausgesetzt.

Heck[139] hat die Deutung des § 1007 BGB damit rechtfertigen wollen, daß unter den Voraussetzungen dieser Vorschrift die Wahrscheinlichkeit[140], daß der frühere Besitzer im Vergleich zum gegenwärtigen im Recht sei, größer sei. Die Rechtfertigung des § 1007 BGB liege darin, daß dann, wenn zwei Leute um den Besitz einer Sache stritten und keiner von ihnen ein definitives Recht an der Sache nachweisen könne, doch Gründe vorliegen könnten, welche den früheren Besitzer als besser berechtigt hinstellten.

Die Annahme, die zweite Kommission habe dem früheren Besitzer den Anspruch des § 1007 BGB auf der Grundlage einer Wahrscheinlichkeitsrechnung gewährt, erscheint nicht als von vornherein ausgeschlossen. Ebenso könnte zur Stützung der Ansicht, daß die Vorschrift auf einer Rechtsvermutung beruhe, ins Feld geführt werden, die zweite Kommission habe neben

---
[138] *Baumbach/Lauterbach/Albers/Hartmann*, § 292 ZPO, Anm. 2.
[139] S. 131 ff.
[140] Auf die Wahrscheinlichkeit des Eigentums stellte bereits *Johow*, S. 969 f., ab. Ebenso *Liebe*, S. 21 f.; *Rhode*, S. 86; *Krückmann*, S. 560.

§ 1006 BGB stillschweigend eben doch noch eine unwiderlegliche Vermutung aufgestellt, die § 1007 BGB zugrundeliege. Beides sind jedoch Hypothesen, für deren Richtigkeit bis heute kein Beweis angetreten wurde.

3. § 1007 BGB als Anerkennung der Rechtsqualität des Besitzes

Die an den Besitz geknüpften Rechtsfolgen haben immer schon die Frage aufgeworfen, ob nicht bereits der Besitz als solcher als subjektives Recht zu begreifen sei. Gerade der mit § 1007 BGB geregelte Anspruch des früheren Besitzers, der sich weitgehend mit dem Vindikationsanspruch des Eigentümers deckt, wird als Beleg dafür herangezogen, daß der Besitz ein Recht sei[141]. Ein Recht wie das Eigentum, dem es an Intensität freilich bei weitem nicht gleichkomme, dem es aber in der juristischen Struktur nichts nachgebe[142]. Wie zwischen die eigentumsbegründenden Tatsachen und die einzelnen Befugnisse des Eigentümers das „Eigentum" trete, so schalte sich zwischen Besitztatbestand und die einzelnen Rechte des Besitzes „der Besitz" selbst als Mutterrecht. Die Ansprüche des früheren Besitzers seien Ausflüsse eines den Besitztatbestand überdauernden gegenwärtigen Besitzrechts[143]. Dieses in § 1007 BGB anerkannte Besitzrecht aus Besitz sei ein relatives Recht, das sich im Konflikt mit dem Eigentum und anderen Sachenrechten nicht behaupten könne[144]. Da gegen eine Klage aus früherem Besitz stets die unbeschränkte Geltendmachung anderer Rechte zulässig sei, verhelfe dem Kläger nur das stärkere, das bessere Recht zum Besitz, zum Siege. Der in § 1007 BGB bestimmte Anspruch lasse sich daher auch als Anspruch aus dem besseren Recht zum Besitz oder als Anspruch aus früherem Besitz gegen den Schlechterberechtigten kennzeichnen[145].

Gegen ein solches Verständnis des § 1007 BGB spricht jedoch, daß die Auffassung des Besitzes als subjektives Recht nicht haltbar ist. Der Besitz ist nach dem BGB nicht als Recht an der Sache ausgestaltet[146]. Es findet sich im Gesetz kein Anhaltspunkt dafür, daß dem Besitzer über die mit dem Besitz als Sachherrschaft verbundene rein tatsächliche Einwirkungsmöglichkeit auf die Sache die entsprechende rechtliche Befugnis verliehen wäre. Allein als Gegenstand rechtlichen Schutzes könnte der Besitz die Voraussetzungen ei-

---

[141] *Planck/Brodmann*, § 1007 Anm. 1.
[142] *Hellwig*, S. 343; *Planck/Brodmann*, Vor § 854 Anm. 5; *Cosack/Mitteis*, S. 20; *v. Tuhr*, S. 138, 208, 254.
[143] *Wolff*, § 3 III; übernommen in *Wolff/Raiser*, § 3 III.
[144] *Wolff*, § 23 pr; übernommen in *Wolff/Raiser*, § 23 pr.
[145] *Planck/Brodmann*, § 1007 Anm. 1; *Soergel/Mühl*, § 1007 Rz 1; *Eichler*, S. 236 f.; *Julius v. Gierke*, S. 123; *Kretschmar*, § 1007 Anm. 1.
[146] *Staudinger/Bund*, Vorbem. zu §§ 854–872 Rz 14; *RGRK/Kregel*, Vor § 854 Rz 2; *Rosenberg*, Vor § 854 Anm. 5.

nes subjektiven Rechts erfüllen. Aber auch in dieser Beziehung gibt er zwar Rechte, ist aber selbst kein Recht. Denn der Schutz besteht nur in der Abwehr verbotener Eigenmacht. Auch das Selbsthilferecht des § 859 BGB stellt kein Recht des Besitzers dar, sondern nimmt lediglich der Abwehrhandlung die ihr sonst anhaftende Rechtswidrigkeit[147]. Es könnte vielleicht daran gedacht werden, den Begriff des subjektiven Rechts so weit zu fassen, daß er den Besitz mitumfaßte. Das Recht an einer Sache und die tatsächliche Beziehung zu ihr liegen jedoch auf verschiedenen Ebenen, so daß ein beide Fälle umfassender Begriff des subjektiven Rechts sinnlos wäre[148].

4. § 1007 BGB als Anerkennung eines Rechtes eigener Art

Kann der in § 1007 BGB vorausgesetzte Besitz nicht als solcher als ein subjektives Recht anerkannt werden, kommt noch in Betracht, in dieser Vorschrift mittelbar die Anerkennung eines sonst nicht in Erscheinung tretenden dinglichen oder zumindest absoluten Rechts besonderer Art zu sehen[149].

Nach Henle[150] entstammt der Anspruch des § 1007 BGB einem Mutterrecht, das zwischen Eigentum und bloßem Besitz stehe. Obwohl § 1007 BGB mit unter die Ansprüche aus dem Eigentum eingereiht sei, könne es sich keinesfalls um einen Eigentumsanspruch handeln. Das Recht des § 1007 BGB bleibe seinem Inhalt nach hinter dem Eigentum zurück, weil es dem Berechtigten keine weitergehenden Befugnisse als den Besitz verschaffe. Andererseits könne der Anspruch nicht dem bloßen Besitz entspringen. Der Wesenskern des an den Besitz geknüpften Besitzrechts sei die Einstweiligkeit. Selbst wenn man dieses Besitzrecht den Besitzstand überdauern lassen wollte, so diente es doch nur zur Unterlage des erwachsenen Anspruchs und seiner Erstreckung, vermöchte aber keine neuen Ansprüche mehr zu erzeugen. Das Recht des § 1007 BGB sei dagegen ein endgültiges. Es entstehe nur bei „in gutem Glauben" erworbenem Besitz.

Das Recht aus § 1007 BGB sei absoluter Natur, da es unbestimmt vielen Personen verbiete, den Berechtigten in Ansehung des Besitzes der Sache zu beeinträchtigen. Allerdings trete innerhalb der absoluten Natur des Rechts eine relative Ader zutage, weil es notwendig vor dem Eigentum zurücktreten müsse. Es lasse sich daher als relativ-absolutes „Recht auf Besitz" charakterisieren.

---

[147] *Rosenberg*, Vor § 854 Anm. 5.
[148] MünchKomm/*Joost*, Vor § 854 Rz 10.
[149] So bereits *Oertmann*, Jherings Jahrb. 66 (1916), S. 212; ebenso *Matthiae*, S. 32; *Janssen*, S. 51.
[150] Mecklenburgische Zeitschrift für Rechtspflege, Rechtswissenschaft, Verwaltung, 1928, S. 259 ff.; 318 ff.

Das Recht auf Besitz sei sowohl hinsichtlich seines Inhalts, seiner Erwerbs- und Verlusttatbestände als auch seiner Ansprüche insgesamt in § 1007 BGB enthalten. Sich dies bewußt zu machen, erleichtere das Verständnis der Vorschrift. Zur Gewinnung eines besseren Überblicks sei es zudem zweckmäßig, das Recht auf Besitz in die Tatbestände römisch-rechtlicher und deutsch-rechtlicher Herkunft zu trennen.

Der Erwerb des römischstämmigen Rechts auf Besitz erfolge stets durch Erwerb von Eigenbesitz in gutem Glauben an den Eigentumserwerb. Der Verlust geschehe dagegen auf mehrfache Weise. Mit Besitzaufgabe nach § 856 BGB gehe das Recht unter. Das gelte auch für die Besitzübertragung bei Veräußerung der Sache. Ebenso endige das Recht auf Besitz, wenn die Sache dem früheren Besitzer nicht abhanden gekommen und vom Besitzer gutgläubig erworben worden sei. Unabhängig davon trete der Verlust des Rechts auf Besitz immer ein, wenn ein Dritter Geld und Inhaberpapiere erwerbe oder wenn der Erwerb sich in einer öffentlichen Versteigerung vollziehe.

Die neben dem Eigenbesitzerwerb bestehenden Fälle von Besitzerwerb „in gutem Glauben", die zu einem Recht auf Besitz führten, seien deutsch-rechtlicher Herkunft. Überaus befremdend sei dabei, daß sich insoweit der gute Glaube auf völlig andere Dinge als das Eigentum beziehe und sich zum großen Teil als überflüssig erweise, weil wirklich ein Recht zum Besitz vorliege. Zu unterscheiden sei daher das objektiv begründete deutschstämmige Recht auf Besitz aufgrund bestehender obligatorischer Berechtigung zum Besitz von dem subjektiv begründeten aufgrund eines bloß gutgläubig angenommenen obligatorischen Verhältnisses zum Eigentümer.

Sei das Recht auf Besitz einmal erworben, so gehe es ohne Eintritt eines Verlusttatbestandes nicht mehr unter. Daraus ergebe sich die Möglichkeit einer Mehrheit von Rechten auf Besitz an derselben Sache. Beim Aufeinandertreffen mehrerer solcher Rechte auf Besitz habe das ältere Recht Vorrang vor dem jüngeren. Diesen Grundsatz bringe § 1007 Abs. 2 BGB nur unvollkommen zum Ausdruck[151].

Auch nach Hörer[152] ist der Anspruch des § 1007 BGB ohne ein zugrundeliegendes Recht zum Besitz undenkbar. Dieses Besitzrecht gehöre jedoch nicht wie die herkömmlichen dinglichen oder obligatorischen Besitzrechte zur Tatbestandsseite des § 1007 BGB, sondern zur Rechtsfolgenseite der Vorschrift. Das Bestehen des Rechts werde nicht vorausgesetzt, sondern von § 1007 BGB selbst gewährt. Da die Vorschrift im Sachenrecht eingeordnet sei und ein unmittelbares Herrschaftsrecht über eine Sache begründe, müsse es sich um ein dingliches Besitzrecht handeln. Da es aber nur zwischen den Parteien eines Besitzrechtsstreits wirke, könne es zugleich nur relativer Natur

---

[151] Die Ansicht wurde übernommen von *Schalburg* S. 9 ff.
[152] S. 85 ff.

4. § 1007 BGB als Anerkennung eines Rechtes eigener Art

sein. Der Besitzrechtsklage des § 1007 BGB liege daher ein relativ-dingliches Besitzrecht zugrunde.

Zweck der Besitzrechtsklage sei der Relativschutz. Nur die Besitzlage zwischen zwei streitenden Parteien sei zu regeln. Diejenige Partei, die aufgrund besserer Gründe eher zum Behalten der Sache befugt sei als die andere, erhalte das relativ-dingliche Besitzrecht zugesprochen. Insoweit könne auch eine Wahrscheinlichkeitsrechnung mitspielen, ob die betreffende Partei letztlich nach einem herkömmlichen Besitzrecht zum Besitz befugt sei. Wer im Besitzrechtsstreit ein herkömmliches Recht zum Besitz für sich anführen könne, habe damit einen starken Grund für das Behaltendürfen der Sache und auch dafür, daß ihm das relativ-dingliche Recht zustehe. Die Zuerkennung des relativ-dinglichen Rechts erfolge aber nur unter dem Vorbehalt, daß sich der Gegner nicht noch auf einen stärkeren Grund zum Haben der Sache berufen könne.

Aber auch wenn keine Partei sich auf ein gegenüber dem Eigentümer wirksames Recht zum Besitz stützen könne, komme das relativ-dingliche Besitzrecht in Betracht. Es entstehe dann für die Partei, die im Hinblick auf ihre Besitzberechtigung gutgläubig sei. Seien beide gutgläubig, werde nach Billigkeitsgesichtspunkten entschieden. Nur wenn beide Parteien bei Besitzerwerb nichtberechtigt und zugleich bösgläubig gewesen seien, könne streng genommen keine Partei als besser- oder schlechterberechtigt angesehen werden. In Anwendung des Satzes: „In pari turpitudinem melior est condicio possidentis" werde dann das relativ-bessere Besitzrecht dem beklagten Besitzer zugesprochen.

Der Nachteil der umfangreichen und detaillierten Untersuchungen Henles und Hörers besteht darin, daß sie den Nachweis des § 1007 BGB zugrundeliegenden relativ-absoluten bzw. relativ-dinglichen Rechts schuldig bleiben. Die Annahme eines sog. Mutterrechts ist letztlich reine petitio principii. Weil ein dinglicher Anspruch ohne ein subjektives Recht, dem er entspringt, nicht denkbar sei, muß dieses Recht existieren. Da es nirgendwo anders im ganzen BGB einen Anhaltspunkt für das gesuchte Recht gibt, hat § 1007 BGB sowohl den Inhalt, die Erwerbs- und Verlusttatbestände als auch die aus ihnen fließenden Ansprüche zu enthalten. Damit ist es aber mit dem Anspruch des § 1007 BGB inhaltsgleich. Wenn Hörer[153] das relativ-dingliche Recht als „ein unmittelbares Herrschaftsrecht über eine Sache" definiert, läßt er eine Begründung dafür vermissen.

Koch[154] hat versucht, ein eingeschränkt-absolut dingliches Recht nachzuweisen, dessen Inhalt jeweils dem gerade in Anspruch genommenen Recht entsprechen soll, nämlich entweder Eigentum, beschränktes dingliches Recht

---

153 S. 87.
154 S. 66.

oder obligatorisches Recht. Ausgangspunkt ist für Koch der Begriff des dinglichen Rechts. Charakteristisch für das dingliche Recht sei einmal das Zugriffsrecht auf die Sache selbst im Gegensatz zum bloß obligatorischen Recht, bei dem der Zugriff auf die Person des Schuldners und damit auf sein Vermögen eröffnet sei. Zum anderen sei für das dingliche Recht die Zuordnungsfunktion entscheidend. Die Zuordnung der Sache zum Vermögen des Berechtigten habe zur Folge, daß ihm die Nutzungen und Früchte der Sache gebührten. Mit dem dinglichen Recht sei zwar regelmäßig eine absolute Wirkung verbunden, es seien aber von jeher Ausnahmen anerkannt worden. Dieses dingliche Recht, das sich nicht gegenüber jedermann durchsetzt, bezeichnet Koch als eingeschränkt-absolutes dingliches Recht.

Anhand der von ihm herausgearbeiteten beiden Kriterien des dinglichen Rechts mißt Koch sämtliche für § 1007 BGB in Betracht kommenden früheren Besitzer und gesteht ihnen allen das eingeschränkt-absolute dingliche Recht zu. Bei der Übertragbarkeit dieses Rechts unterscheidet er zwischen dem Eigenbesitzer und dem Fremdbesitzer. Der Eigenbesitzer könne sein Recht analog §§ 929 bis 931 BGB durch Einigung und Übergabe auf jeden Dritten übertragen. Beim Fremdbesitzer sei zu berücksichtigen, daß sein Recht überhaupt erst durch Verfügung und Besitzübertragung seitens des unbeschränkt Berechtigten, des Eigentümers, entstanden sei. Eine Übertragung durch den Fremdbesitzer zwänge dem Eigentümer einen diesem unbekannten Dritten auf. Dies wäre als Vertrag zu Lasten Dritter anzusehen und unzulässig. Eine Übertragbarkeit durch den Fremdbesitzer scheide daher aus. Dagegen könnten sowohl Eigenbesitzer als auch Fremdbesitzer ihr Recht gutgläubig erwerben. Die Rangfolge der danach möglichen mehrfachen eingeschränkt-absoluten dinglichen Rechte an derselben Sache regele § 1007 BGB in einer Anspruchspyramide.

Die Ausführungen Kochs überzeugen nicht, weil auch er letztlich den Nachweis des behaupteten Rechts schuldig bleibt. Entgegen seiner Ankündigung prüft er nicht, ob die streitige Sache sowie deren Nutzungen dem früheren Besitzer als Berechtigten endgültig zugeordnet werden. Vielmehr schließt er aus der Gewährung eines entsprechenden Anspruchs in § 1007 BGB, daß sie dem früheren Besitzer zugeordnet seien[155]. Auch kann es entgegen Koch[156] für das endgültige Behaltendürfen des Eigenbesitzers nicht darauf ankommen, ob der Eigentümer unauffindbar ist. Wenn der Eigenbesitzer bei Besitzerwerb gutgläubig war und deshalb ein eingeschränkt-absolutes dingliches Recht erworben hätte, würde ihm dies nichts nützen, wenn er später von dem Eigentum eines Dritten erführe, § 937 Abs. 2 BGB. Dem Eigentümer steht die Sache zu und ihm gebühren die Nutzungen ab Kenntnis des Eigenbesitzers von seinem fehlenden Recht zum Besitz. Ob der Eigentümer aus tatsächlichen

---

[155] *Koch*, S. 70 f., 81 ff., 135 und passim.
[156] S. 70 f.

Gründen, vielleicht sogar auf Dauer, an der Geltendmachung seiner Rechte gehindert ist, macht keinen Unterschied. Nicht im Einklang mit geltendem Recht steht auch das Verständnis obligatorischer Rechte als verdinglichte Rechte nach Besitzübertragung[157].

5. § 1007 BGB als Besitzanspruch

Überwiegend wird die Klagegrundlage des § 1007 BGB im Besitz gesehen[158]. Anders als im gemeinen Recht, wo die Qualifikation des Besitzes als Ersitzungsbesitz in den Vordergrund gestellt wurde, wird die von § 1007 BGB geforderte Qualifikation als gutgläubig erworbener Besitz nicht betont. § 1007 BGB verliert dadurch jegliche Nähe zu einem bestimmten Rechtsinstitut. Er erscheint als eine Vorschrift, die in ihren Absätzen 1 und 2 zwei verschiedene Anspruchsgrundlagen regelt, die ausschließlich an den Besitz als Tatsache anknüpfen. Diese Ansprüche sollen nicht aus einem Recht zum Besitz abgeleitet sein, sondern selbst jeweils erst ein relatives Anrecht des Anspruchstellers auf den Besitz schaffen[159].

Dies Anrecht auf den Besitz sei aber nichts weiter als eine Funktion des Besitzes. Es bestehe kein Anlaß, neben dem Anspruch noch ein besonderes Mutterrecht von relativ-absoluter oder relativ-dinglicher Natur anzuerkennen. Die Ansprüche aus § 1007 Abs. 1 und 2 BGB seien keine dinglichen Rechtsverwirklichungsansprüche, sondern Besitzschutzansprüche. Sie paßten eigentlich nicht unter den Titel „Ansprüche aus dem Eigentum", gehörten sachlich vielmehr in den ersten Abschnitt des Dritten Buches des BGB über den Besitz[160].

Die sachliche Zuordnung des § 1007 BGB zu den Besitzklagen der §§ 861, 862 BGB vermag jedoch nicht zu überzeugen. Die Rechtfertigung des Besitzschutzes in den §§ 858 ff. BGB wird überwiegend in der Idee des allgemeinen Rechtsfriedens gesehen[161]. Der einmal bestehende Zustand des tatsächlichen Habens einer Sache soll von anderen Personen nicht gewaltsam im Wege der Selbsthilfe beeinträchtigt oder beseitigt werden dürfen, selbst wenn diese sich auf ein Recht zum Besitz berufen. Diesem Zweck kann § 1007 BGB nicht dienen. Er gibt einen Herausgabeanspruch unabhängig davon, ob der Besitzer beim Besitzentzug im weitesten Sinne mitgewirkt hat und welche Zeit seit

---

[157] S. bereits o. bei N. 136.
[158] *Staudinger/Gursky*, § 1007 Rz 1; *Medicus*, AcP 165 (1965), S. 127 ff.; ders., MünchKomm, § 1007 Rz 3; E. *Wolf*, S. 78; *Diederichsen*, S. 62; *Buhl*, S. 95; *Hedemann*, S. 191; *Schwab*, S. 221; *Boehmer*, S. 227; *Volk*, S. 9; *Frerichs*, S. 5; *Biedermann*, S. 33; *Krohn*, S. 30; *Schwartz*, S. 55; *Mattil*, S. 22; *Michel*, S. 18; Curt *Meyer*, S. 16.
[159] *Staudinger/Gursky*, § 1007 Rz 3. Dort auch das Folgende.
[160] BGHZ 7, 215; *Jauernig/Jauernig*, Vorb. 1 vor § 985; *Staudinger/Gursky*, § 1007 Rz 1; *RGRK/Pikart*, § 1007 Rz 1.
[161] *Soergel/Mühl*, Vor § 854 Rz 13; MünchKomm/*Joost*, Vor § 854 Rz 15.

dem Entzug vergangen ist. Die Zielrichtung ist damit nicht Besitzstandswahrung, sondern Übertragung des Besitzes vom gegenwärtigen Besitzer auf den früheren Besitzer. Passen die den Besitzschutz der §§ 858 ff. BGB tragenden Gedanken nicht auf die Ansprüche aus § 1007 BGB, stellt sich die Frage nach Sinn und Zweck der Vorschrift. Sie wird für Abs. 1 und Abs. 2 unterschiedlich beantwortet. Abs. 1 lasse sich als Sanktion gegen den bösgläubigen Besitzer verstehen, Abs. 2 hingegen wohl nur durch die zu unterstellende Absicht rechtfertigen, die Sache über den früheren Besitzer wieder möglichst nahe an den wirklichen Berechtigten heranzubringen[162]. Gegen das Verständnis des § 1007 BGB als einer Sanktion spricht aber, daß von ihr ein früherer Besitzer profitierte, der ebensowenig ein Recht zum Besitz haben kann wie der Besitzer. Die bloße Gutgläubigkeit gibt kein Anrecht auf den Besitz der Sache. Der gutgläubige Eigentumserwerb ist nicht durch die subjektiven Vorstellungen des Erwerbers gerechtfertigt, sondern dient der Sicherheit und Erleichterung des Rechtsverkehrs[163]. Daß bei § 1007 Abs. 2 BGB die Sache dem wahren Berechtigten nähergebracht werde, ist eine reine Unterstellung, die durch nichts zu belegen ist.

Das Begreifen der Ansprüche aus § 1007 BGB als Ansprüche aus Besitz, die sich aber doch von den Besitzansprüchen der §§ 861, 862 BGB unterscheiden, führt zu keiner befriedigenden Einordnung in das System des BGB. Für § 1007 BGB bleibt nur eine Lückenbüßerfunktion in einem sehr kleinen Bereich, in dem die konkurrierenden Ansprüche, insbesondere die §§ 812, 861, 985 BGB, keine Anwendung finden. Die Vorschrift paßt nicht zu den Ansprüchen aus dem Eigentum, weil sie einen Herausgabeanspruch ohne Nachweis des Eigentums gewährt, und sie paßt nicht zu den Ansprüchen aus dem Besitz, weil zur Verteidigung gegen den Anspruch auch Einreden aus dem Recht zum Besitz zugelassen sind. So bleibt letztlich nur die nichtssagende Feststellung, daß die Rechtsbehelfe aus § 1007 BGB als petitorische Ansprüche aus früherem Besitz in gewisser Hinsicht eine Mittelstellung zwischen § 861 BGB und § 985 BGB einnehmen[164].

---

[162] MünchKomm/*Medicus*, § 1007 Rz 3; ders., AcP 165 (1965), 74, 76; *Staudinger/Gursky*, § 1007 Rz 3.
[163] Protokolle I, S. 4040, bei *Jakobs/Schubert*, Sachenrecht, S. 599.
[164] *Diederichsen*, S. 64; *Staudinger/Gursky*, § 1007 Rz 1.

IV. § 1007 BGB als den Eigentumsanspruch regelnde Vorschrift

Der Versuch, den Sinn und Zweck des § 1007 zu erfassen, wird dadurch erschwert, daß auf dem Hintergrund des Streits um den deutsch-rechtlichen oder römisch-rechtlichen Weg bei der Gestaltung und Verfolgbarkeit des Eigentums an beweglichen Sachen die Überlegungen vielfach in Bahnen und Denkstrukturen verlaufen, die durch diese Kontroverse vorgegeben erscheinen. Hinzu kommt, daß die Protokolle der zweiten Kommission über die Gründe, die zur Annahme der Bestimmungen des § 1007 BGB führten, den Eindruck erwecken, als habe die zweite Kommission einen bewußten Bruch mit der Vorläufervorschrift des § 945 Entwurf I vollzogen, die nach Aussagen der ersten Kommission auf dem Prinzip der römisch-rechtlichen actio Publiciana beruhte. Dieser Eindruck ist jedoch trügerisch.

Es ist zu zeigen, daß § 1007 BGB nicht auf der Übernahme eines vorgefundenen Rechtsinstituts beruht, sondern die Ausformung eines rechtlichen Prinzips darstellt, dessen Verwirklichung in sich ändernden Rechtssystemen auf verschiedene Art und Weise erstrebt wurde. Dieses Prinzip war im gemeinen Recht im Rahmen der actio Publiciana anerkannt. Es war für die erste Kommission der wesentliche Grund für die Aufnahme einer publizianischen Rechtsposition, und es wurde von der zweiten Kommission mit nur einer geringfügigen Einschränkung in § 1007 BGB beibehalten.

1. Das publizianische Prinzip

Die actio Publiciana hatte sich im klassischen römischen Recht als die Klage derjenigen früheren Besitzer herausgebildet, die eine ersitzungsfähige Sache ex iusta causa und bona fide erworben hatten, ohne gleichzeitig Eigentum zu erlangen[165]. Dies lag zum einen vor, wenn zwar vom Eigentümer, aber ohne Einhaltung der notwendigen Formalitäten erworben worden war; zum anderen, wenn der Veräußerer Nichteigentümer oder nicht verfügungsbefugt gewesen war. Die Klage war somit ganz auf den Nichteigentümer zugeschnitten. Als Grund für die Einführung der Klage geben die Quellen[166] lediglich an, es sei „hart" (durum) gewesen, daß es für den redlichen Erwerber bei zu-

---
[165] *Kaser*, S. 438 f. Dort auch das Folgende.
[166] I. 4, 6, 4.

fälligem Verlust der Sache an jeder Klagemöglichkeit gefehlt habe. Eine solche Härte ist leicht vorstellbar, wenn der Eigentumserwerb selbst beim Erwerb vom Eigentümer nur deshalb nicht eingetreten ist, weil Formalitäten — insbesondere die mancipatio — nicht beachtet wurden, deren Erfüllung allgemein außer Übung gekommen war. Warum aber in einem Rechtssystem, das rechtsgeschäftlich nur den Erwerb vom Berechtigten zuließ, derjenige geschützt wurde, der vom Nichteigentümer erworben hatte, ist nicht recht einzusehen. Diese Rechtsfolge mag in der Konsequenz der Anbindung der actio Publiciana an die Ersitzungslage gelegen haben[167].

Im gemeinen Recht galten die Formalitäten, deren Nichteinhaltung im antiken römischen Recht einen sofortigen Eigentumserwerb selbst vom Eigentümer verhindert hatten, nicht mehr. Mit Übergabe der Sache durch den Eigentümer an den Erwerber ex iusta causa ging regelmäßig auch das Eigentum über. Damit bleiben als ausschließlicher Anwendungsbereich der actio Publiciana nur die Fälle übrig, in denen vom Nichteigentümer oder Nichtverfügungsberechtigten erworben worden war. Der legislative Grund für die Zulassung der actio Publiciana, die sonst den Kläger treffende Härte, war damit noch fragwürdiger geworden. In der gemein-rechtlichen Literatur[168] wurden denn auch mehr die Vorteile in den Vordergrund gestellt, die die actio Publiciana dem wahren Eigentümer bieten konnte. Er erspare sich mit ihr den Beweis des Eigentums seines Veräußerers, und der Beklagte könne sich nicht mit dem Eigentum eines Dritten (exceptio de iure tertii) verteidigen.

Die objektive, allein auf die Beweismöglichkeit abstellende Sicht ist jedoch weder überzeugend, noch entspricht sie praktischen Bedürfnissen. Der wahre Eigentümer brauchte die actio Publiciana nicht. Die rei vindicatio gewährte ihm das Gleiche und sogar gegenüber jedermann. Das Problem besteht vielmehr darin, daß der wahre Eigentümer und der Nichteigentümer nur in der Theorie klar voneinander zu unterscheiden sind. In der Praxis stehen beide zunächst als Eigentumsprätendenten da. Macht der wahre Eigentümer einen aus dem Eigentum fließenden Anspruch gegen jemanden geltend, der ihm das Eigentum bestreitet, steht er solange nicht besser da als der Nichteigentümer, wie er nicht sein Eigentumsrecht beweisen kann. Der dadurch erforderliche Nachweis des Eigentums ist stets mit dem Risiko behaftet, daß der Beweis nicht voll erbracht werden kann.

Verlangt der Kläger aufgrund seines Eigentums eine Sache vom Besitzer heraus, müssen im Bestreitensfalle die von ihm bewiesenen Tatsachen den vollen Beweis seines Eigentums erbringen. Möchten auch gute Gründe für sein Recht sprechen, ohne daß sie aber den sicheren Schluß auf das Eigentum zuließen, so reichte dies selbst dann nicht aus, wenn die fehlende Besitzbe-

---

[167] Vgl. *Kaser*, S. 438 m.w.N.
[168] *Wendt*, S. 362; *Wächter*, Bd. 2, S. 187; *Keller*, S. 334.

rechtigung des Beklagten feststünde, ja er nicht einmal ein Recht zum Besitz für sich behauptete. Die den Kläger treffende Beweislast für das von ihm geltend gemachte Eigentum führte dazu, daß seine Klage abzuweisen wäre und der Beklagte weiter im Besitz der Sache bliebe.

Dieses Ergebnis entspräche nicht der Gerechtigkeit. Das römische und gemeine Recht verhinderten es, in dem sie dem Eigentumsprätendenten gegenüber völlig nichtberechtigten Besitzern mittels der actio Publiciana den Beweis des Eigentums des Rechtsvorgängers erließen und Einreden aus dem Rechte Dritter abschnitten. In dieser Erleichterung der Eigentumsverfolgung gegenüber bestimmten Besitzern ist der eigentliche Grund und die Rechtfertigung der actio Publiciana zu sehen.

2. Die Übernahme des publizianischen Prinzips in das bürgerliche Recht

Die erste Kommission hatte das Prozeßrisiko des Eigentumsprätendenten durch die Einführung des gutgläubigen Eigentumserwerbs bereits in ganz erheblichem Maße gemindert. Der Nachweis des Eigentums des Rechtsvorgänges, der die Eigentumsverfolgung unter der Geltung des römischen Rechts so sehr erschwert hatte, war dadurch weggefallen. Die erste Kommission erkannte jedoch, daß sich das publizianische Prinzip nicht im Erlaß des Beweises des Eigentums des Rechtsvorgängers erschöpfte.

Nach ihrer Ansicht würde es zu großen Unzuträglichkeiten führen, wenn im Eigentumsprozeß darüber verhandelt werden könnte, ob vielleicht eine dritte Person der wahre Eigentümer und um deswillen der Beweis des klägerischen Rechts als nicht erbracht anzusehen sei[169]. Daher habe ein dringendes Bedürfnis für die Bestimmung einer publizianischen Rechtsposition bestanden. Denn die praktisch wichtige Folge einer solchen Regelung sei, daß im Eigentumsprozeß über bewegliche Sachen die exceptio de iure tertii ausgeschlossen werde. Für den Fall der mala fides superveniens wurde keine Ausnahme bestimmt. Die Verfasser der Motive[170] nehmen an, daß sich auch dabei die erste Kommission von dem Ziel des Ausschlusses der exceptio de iure tertii habe leiten lassen, weil ansonsten ein Weg eröffnet wäre, auf welchem eine Verhandlung über das Recht eines Dritten herbeigeführt werden könnte.

Die Protokolle und ihre zeitnahe Interpretation in den Motiven machen deutlich, daß es der ersten Kommission bei der Bestimmung der publizianischen Rechtsposition in erster Linie um die weitere Erleichterung des dem Eigentumsprätendenten obliegenden Beweises ging. Diese Beweiserleichte-

---
[169] Protokolle I, S. 4239 ff., bei *Jakobs/Schubert*, Sachenrecht, S. 866 ff.
[170] Motive III, S. 433.

rung wollte die erste Kommission auf dem durch das römische Recht vorgezeichneten Weg der actio Publiciana erreichen. Bei der actio Publiciana war der Ausschluß sämtlicher Einreden aus dem Recht eines Dritten allgemein anerkannt. Die Klage wurde in großen Teilen des damaligen Deutschlands praktiziert. Sie muß daher der ersten Kommission die Gewähr dafür geboten haben, daß sie ihr Ziel des erleichterten Eigentumsbeweises erreichen würde.

Das römische Recht hatte dem Eigentumsprätendenten mit der actio Publiciana allerdings nicht auf direktem Wege geholfen, indem es ihm etwa den Nachweis bestimmter Umstände nachließ, sondern mittelbar, indem für die actio Publiciana Ersitzungsbesitz statt Eigentum zu beweisen war. Diesem Vorbild entsprechend sah die erste Kommission eine publizianische Rechtsposition neben dem Eigentum vor. Diese Rechtsposition wurde in den Motiven[171] dahin gedeutet, daß sie für den Nichteigentümer als publizianisch Berechtigten ein Einrücken in die absolute Stellung des Eigentümers bewirke. Dem wirklichen Eigentümer komme die publizianische Rechtsposition prozessualisch in der Weise zustatten, daß auch ihm gegenüber nur die Berufung auf ein eigenes Recht an der Sache zulässig sei und folglich die exceptio de iure tertii ausgeschlossen bleibe.

Die actio Publiciana konnte jedoch nicht in ihrer hergebrachten Form ins bürgerliche Recht übernommen werden. Im römischen Recht war sie an den Eintritt in die Ersitzungslage geknüpft. Die ordentliche Ersitzung gewährleistete die Sicherheit des Rechtsverkehrs gegenüber der theoretisch unbegrenzten Verfolgbarkeit des Eigentums. Sie stellte einen originären Eigentumserwerbsgrund dar, der jeden weiteren Eigentumsnachweis erübrigte. Diese Funktion erfüllt im bürgerlichen Recht der gutgläubige Erwerb vom Nichtberechtigten. Folgerichtig hätte die erste Kommission ihre publizianische Rechtsposition grundsätzlich an die Voraussetzungen für einen gutgläubigen Rechtserwerb knüpfen müssen. Statt dessen entschied sie sich dafür, die publizianische Rechtsposition wiederum an die Ersitzungslage zu binden, allerdings mit den Modifikationen, daß der frühere Besitzer seinen Besitz durch Übergabe erlangt haben und seinen guten Glauben positiv beweisen mußte. Die Regelung des Rangverhältnisses mehrerer publizianischer Rechtspositionen übernahm sie sogar unbesehen aus dem römischen Recht, ohne die durch das Institut des gutgläubigen Erwerbs erforderlich gewordenen Änderungen zu erkennen.

Die so in § 945 Entwurf I gestaltete publizianische Rechtsposition konnte nicht befriedigen. Ging es der ersten Kommission um den Schutz des Eigentümers, der sich im Prozeß mit einem völlig Nichtberechtigten nicht darüber sollte streiten müssen, ob vielleicht ein unbeteiligter Dritter wahrer Eigentümer der Sache sei, so durfte sie die publizianische Rechtsposition nicht über den für diesen Zweck erforderlichen Umfang ausdehnen. Dem Zweck des zu-

---

[171] Motive III, S. 432. Dort auch das Folgende.

2. Übernahme des publizianischen Prinzips ins bürgerliche Recht

sätzlichen Eigentumsschutzes angemessen gewesen wäre eine publizianische Rechtsposition in den Grenzen, die durch das Institut des gutgläubigen Eigentumserwerbs gezogen waren. Nur für den, der den Besitz gutgläubig im Sinne des § 932 BGB erworben hatte, ohne das Eigentum zu erlangen, konnte in Betracht kommen, als Eigentumsprätendent im Prozeß einem Erwerber gleichbehandelt zu werden, dessen Rechtsvorgänger der Eigentümer war. § 945 Entwurf I deckte zwar den Bereich des gutgläubigen Erwerbs ab, ging aber noch weit darüber hinaus, indem jeglicher Mangel des Erwerbstatbestandes durch guten Glauben des Erwerbers ersetzt werden konnte. Für eine so weit gefaßte publizianische Rechtsposition fehlte jegliche innere Berechtigung. Die erste Kommission hatte bei Beratung der Vorschriften über den gutgläubigen Eigentumserwerb[172] jeden anderen Irrtum mit Ausnahme desjenigen über das Eigentum des Veräußerers für nicht schutzwürdig erklärt. Die Ausdehnung des Eigentumsschutzes in Form der publizianischen Rechtsposition auf diese Irrtumsfälle stand dazu im Widerspruch. Wer sich über ein anderes Merkmal des Eigentumserwerbstatbestandes geirrt hatte, verdiente keinen sofortigen Schutz wie ein Eigentümer.

Keinen Wertungswiderspruch stellte es hingegen dar, wenn der Irrtum über das Eigentum des Veräußerers stets Beachtung finden sollte. Dies stimmt zwar nicht mit der Regelung beim gutgläubigen Eigentumserwerb überein, wonach ein gutgläubiger Erwerb abhanden gekommener Sachen grundsätzlich ausgeschlossen ist, sofern es sich nicht um Geld oder Inhaberpapiere handelt. Die abweichende Regelung bei der publizianischen Rechtsposition ist aber sachlich gerechtfertigt.

Im Widerstreit von Rechtssicherheit und Verkehrssicherheit hat bereits die erste Kommission bei abhanden gekommenen Sachen der Rechtssicherheit den Vorzug gegeben[173]. Der Ausschluß des gutgläubigen Rechtserwerbs dient dem Schutz des Rechtsinhabers. Dieser Schutz ist jedoch personenbezogen und macht die Sache nicht zu einer res extra commercium. Als Beispiel ist in den Motiven[174] angeführt, daß bei einem Abhandenkommen der Sache beim Pfandgläubiger oder Nießbraucher nur diese sich auf die Ausnahmenorm des Gutglaubenserwerbs berufen könnten, nicht der Eigentümer, wenn die Sache zwischenzeitlich einmal an ihn zurückgelangt sei. Bestätigt wird diese Wirkungsweise des Merkmals des Abhandenkommens durch § 1006 BGB. Die Eigentumsvermutung für den Besitzer ist bei abhanden gekommenen Sachen nur gegenüber demjenigen ausgeschlossen, dem die Sache selber abhanden kam.

Im Herausgabestreit um eine Sache ist somit ihr Abhandenkommen bei einem unbeteiligten Dritten, der die Sache noch vor der Besitzzeit der Parteien

---
[172] Protokolle I, S. 4010, bei *Jakobs/Schubert*, Sachenrecht, S. 601.
[173] Protokolle I, S. 4020, bei *Jakobs/Schubert*, Sachenrecht, S. 606.
[174] Motive III, S. 348.

besessen hatte, unbeachtlich. Für das Recht des Dritten stellt dies keine Gefahr dar, weil das Urteil zwischen den Parteien gegen ihn keine Rechtskraft wirkt. Einer Gefährdung des Rechts des Beklagten ist dadurch vorgebeugt, daß er stets einwenden kann, selbst der Eigentümer oder zumindest redlicher Erwerber zu sein.

Nicht gelungen ist der ersten Kommission, das Rangverhältnis mehrerer publizianischer Rechtspositionen untereinander so zu regeln, daß die Änderungen der einschlägigen Vorschriften des bürgerlichen Rechts gegenüber dem römischen Recht berücksichtigt wurden. Nach § 945 Abs. 2 Entwurf I ging beim Aufeinandertreffen zweier publizianischer Rechtspositionen regelmäßig der Beklagte vor und nur ausnahmsweise der Kläger, wenn beide Parteien von demselben Rechtsvorgänger erworben hatten. Dies entsprach der überwiegenden Auffassung zur actio Publiciana des römischen Rechts. Die erste Kommission[175] begründete die Rangfolge damit, wenn überhaupt jemand vom Veräußerer Eigentum erworben habe, dann derjenige, der sich auf einen früheren Veräußerungsakt berufen könne. Diese Überlegung trifft nicht mehr zu, nachdem es für den Eigentumserwerb nicht mehr auf das Eigentum des Veräußerers ankam. Unter Geltung des Prinzips des gutgläubigen Erwerbs vom Nichtberechtigten kam es nicht mehr darauf an, von wem erworben wurde. Das Rangverhältnis hätte ausschließlich nach der zeitlichen Reihenfolge bestimmt werden müssen, so daß der Beklagte ausnahmslos bevorzugt gewesen wäre.

Die Ausführungen gelten entsprechend für Miteigentum und Nießbrauch, auf die § 945 Entwurf I nach den §§ 951, 1017 Entwurf I entsprechend anwendbar war.

3. Die Fortentwicklung des publizianischen Prinzips durch die zweite Kommission

Die von der zweiten Kommission beschlossene und in § 1007 BGB Gesetz gewordene Vorschrift hat rein äußerlich keine Ähnlichkeit mehr mit der Vorgängerbestimmung des § 945 Entwurf I. Auch jegliche innere Verwandtschaft scheinen die Protokolle der zweiten Kommission[176] leugnen zu wollen. § 1007 BGB soll nicht an § 945 Entwurf I, sondern im wesentlichen an das preußische Recht anknüpfen. Dies würde aber nur dann gegen eine Fortgeltung des publizianischen Prinzips sprechen, wenn es im preußischen Recht unbekannt gewesen wäre.

---

[175] Protokolle I, S. 4241, bei *Jakobs/Schubert*, Sachenrecht, S. 867.
[176] Bd. 3, S. 383; ähnlich Denkschrift, S. 205 f.

a) Das publizianische Prinzip im preußischen Recht

Nach § 1 I 10 des Allgemeinen Landrechts (ALR) erforderte der abgeleitete Eigentumserwerb die Übergabe der Sache aufgrund eines gehörigen Titels. Dabei galt gemäß § 3 I 10 ALR wie im gemeinen Recht der Grundsatz, daß nur der wirkliche Eigentümer das Recht übertragen konnte. Wer eine Sache als Eigentümer vom Besitzer gemäß § 1 I 15 ALR herausverlangte, mußte daher zum Beweis seines Rechts auch das Eigentum seines Rechtsvorgängers nachweisen[177]. Nach § 2 I 15 ALR konnte das Rückforderungsrecht des Eigentümers auch einem Besitzer zukommen, wobei auf die Regelung der §§ 162 ff. I 7 ALR verwiesen wurde.

Der siebte Titel des ersten Teils des ALR handelte von Gewahrsam und Besitz. Dabei unterschied § 134 I 7 ALR zwischen dem Recht zum Besitz und dem Recht des Besitzes selbst. In den §§ 136 bis 160 I 7 ALR waren zunächst die mit dem Besitz als solchem verknüpften Rechte und Pflichten geregelt, insbesondere in den §§ 146, 147 I 7 ALR der Restitutionsanspruch wegen widerrechtlicher Besitzentziehung. Die Vorschriften über das Recht des Besitzes schlossen ab mit § 161 I 7 ALR, wonach gegen den, welcher den Besitz einer Sache weder durch Gewalt, noch heimlich, mit List oder bloß bittweise übernommen hatte, der vorige Besitzer nur insofern klagen konnte, als er ein besseres Recht zum Besitze nachzuweisen hatte. Diese Klage aus dem besseren Recht zum Besitz fand ihre nähere Ausgestaltung in den §§ 162 ff. I 7 ALR, auf die in § 2 I 15 ALR bei der Eigentumsklage verwiesen wurde.

Nach den §§ 175, 176, 177 I 7 ALR hatte der frühere vollständige Besitzer, sofern er redlich war, gegen jedermann mit Ausnahme des Eigentümers den Anspruch auf Herausgabe der Sache. Vollständiger Besitzer war nach der Definition des § 7 I 7 ALR, wer eine Sache als eigene besaß. Da die Redlichkeit des Besitzes nach § 18 I 7 ALR allgemein vermutet wurde, fragte es sich, worin denn das bessere Recht des Klägers liegen sollte. Das gemeine Recht hatte den aufgrund eines Titels erworbenen Besitz als Rechtsposition anerkannt und mittels der actio Publiciana dinglich geschützt. Auch das ALR legte es nahe, den Erwerb eines Rechts zum Besitz an den Nachweis eines Titels zu knüpfen. So bestimmten sich die Wirkungen des Rechts zum Besitz nach § 135 I 7 ALR nach der Beschaffenheit des Titels, auf dem der Besitz beruhte. Desgleichen hing nach § 10 I 7 ALR die Rechtmäßigkeit des Besitzes von der Gültigkeit des Titels ab.

Weil aber § 175 I 7 ALR nur vom vollständigen, nicht vom vollständigen titulierten Besitzer (vgl. § 8 I 7 ALR) sprach und § 179 I 7 ALR für jeden

---

[177] Entscheidung d. Kgl. Obertribunals in Ulrichs Archiv, Bd. 16, S. 167; *Achilles* in Kochs Komm., Anm. 1 zu § 1 I 15; *Bornemann*, Bd. 2, S. 150; *Dernburg*, Pr. Privatrecht, S. 602.

Besitzer die Rechtmäßigkeit des Besitzes präsumierte, hielt eine Ansicht[178] dafür, daß es auf einen Titel des Klägers überhaupt nicht ankomme. Die Klage sei auf Besitz gebaut[179]. Der Kläger habe nicht sein Recht, sondern das schwächere Recht des Beklagten nachzuweisen, indem er die Unredlichkeit des Besitzers oder das Abhandenkommen der Sache beweise[180].

Bei unterschiedsloser Anwendung der Vermutung des § 179 I 7 ALR auf jeden Besitzer kann sie in Wahrheit aber gar keine Wirkung entfalten, weil sie sich selbst aufhöbe[181]. Es ist daher anzunehmen, daß sie sich nur auf den gegenwärtigen Besitzer, also den Beklagten im Streit um das Recht zum Besitz der Sache, bezieht[182]. Sie sollte klarstellen, daß der Beklagte im Herausgabeprozeß befugt war, sich auf die reine Verneinung zu beschränken und abzuwarten, ob es dem Kläger gelingen werde, die Tätigkeit des Richters für sich in Anspruch zu nehmen[183]. Konnte sich somit der Kläger nicht auf die Vermutung der Rechtmäßigkeit[184] seines Besitzes berufen, hatte er seinen Titel zu beweisen[185]. Gelang ihm dies, hatte nun der Beklagte seinerseits sein Recht zum Besitz zu begründen. Dazu konnte er entweder sein Eigentum nachweisen (vgl. § 177 I 7 ALR) oder gleichfalls titulierten Besitz. Hatten beide Parteien titulierten Besitz für sich dargetan, ging bei einer Herleitung von demselben Auktor derjenige vor, der den älteren Titel, verbunden mit der Übergabe der Sache, für sich hatte[186]. Beriefen sich die Parteien auf verschiedene Vorbesitzer, sollte nach überwiegender Ansicht[187] der gegenwärtige Besitzer vorgehen.

Diese Regeln der Klage aus dem besseren Recht zum Besitz stimmten völlig mit dem gemeinen Recht überein. Savigny[188] war der Ansicht, dies gelte stets. § 175 I 7 ALR sei ungenau gefaßt; dort müsse eigentlich der vollständige titulierte Besitzer angeführt sein. Ganz überwiegend[189] wurde jedoch angenommen, der Kläger könne den Beweis des Titels durch den Nachweis er-

---

[178] *Johow* in Kochs Komm., Anm. 35 zu § 161 I 7; *Achilles* in Kochs Komm., Anm. 1 zu § 1 I 15; *Dernburg*, Pr. Privatrecht, S. 609; *Delbrück*, S. 233 ff.
[179] *Johow* in Kochs Komm., Anm. 35 zu § 161 I 7; *Dernburg*, Pr. Privatrecht, S. 609; *Bruns*, S. 15.
[180] *Dernburg*, Pr. Privatrecht, S. 609; *Bruns*, S. 17.
[181] So bereits C.F. *Koch*, S. 300.
[182] Kgl. Obertribunal in Striethorsts Archiv, Bd. 81, S. 361 f.; *Savigny*, Obl. R., S. 157; *Förster/Eccius*, S. 118 N. 28; *v. Glasenapp*, Gruch Bd. 24, S. 267.
[183] *Savigny*, Obl. R., S. 157.
[184] Darunter ist nur ein Rechtsgrund, ein „an sich" gültiger Titel zu verstehen, *v. Glasenapp*, Gruch Bd. 24, S. 271.
[185] *Savigny*, Obl. R., S. 166; *Förster/Eccius*, S. 119.
[186] *Savigny*, Obl. R., S. 167; *Förster/Eccius*, S. 120; jeweils unter Bezugnahme auf §§ 22, 23 I 10 ALR.
[187] *Savigny*, Obl. R., S. 167; *Förster/Eccius*, S. 120; a.A. C.F. *Koch*, S. 301.
[188] Obl. R., S. 166.
[189] *Dernburg*, Pr. Privatrecht, S. 608; C.F. *Koch*, S. 300 f.; *Förster/Eccius*, S. 118; *v. Glasenapp*, Gruch Bd. 24, S. 274.

3. Fortentwicklung des publizianischen Prinzips

setzen, daß der Beklagte als unredlicher Besitzer die Sache ohne allen Rechtsgrund besaß (vgl. §§ 178, 162 I 7 ALR). Unredlich war derjenige Besitzer, der wußte, daß er aus keinem gültigen Titel besaß (§ 11 I 7 ALR). Da der Besitzer als Beklagter aber keinen Besitztitel anzugeben brauchte (§ 180 I 7 ALR), gestaltete sich der dem Kläger obliegende Beweis naturgemäß äußerst schwierig. Für bestimmte Fallgestaltungen erleichterte das ALR jedoch den vom Kläger zu führenden Beweis.

War dem Kläger die Sache durch Gewalt, List oder Betrug oder sonstwie ohne seinen Willen[190] entnommen worden, so hatte der gegenwärtige Besitzer nach §§ 184 I 7, 34 I 15 ALR seinen Besitztitel anzugeben[191]. Weigerte er sich beharrlich, war er nach § 186 I 7 ALR als unredlicher Besitzer zu behandeln. Deckte der Beklagte seinen Besitztitel auf, so konnte der Kläger eventuell aufgrund der Begleitumstände, unter denen der Titel zustande gekommen war, die Unredlichkeit des Beklagten dartun. Denn nach § 15 I 7 ALR wurde einem unredlichen Besitzer gleich geachtet, wer schon zur Zeit der Erwerbung des Besitzes bei Anwendung eines gewöhnlichen Grades von Aufmerksamkeit Ursache gehabt hatte, an der Gültigkeit seines Besitztitels zu zweifeln, und sich dennoch ohne weitere Untersuchung den Besitz zugeeignet hatte.

Hatte der Kläger die Unredlichkeit des Beklagten nachgewiesen oder kam ihm zumindest eine diesbezügliche Vermutung zu Hilfe, konnte der Beklagte die Abweisung des Herausgabeanspruchs nur noch erreichen, indem er seinerseits die Unredlichkeit des Klägers darlegte[192] oder den vollen Beweis seines Eigentums erbrachte. Gelang dies nicht, obsiegte der Kläger, ohne seinen Titel als Besitzberechtigung nachgewiesen zu haben. Aber es liegt in der Konsequenz des ALR anzunehmen, daß in dieser Situation die Rechtmäßigkeitsvermutung aus § 179 I 7 ALR zugunsten des Klägers eingreift. Lediglich praktische Gründe[193] führten dazu, die Vermutung auf den gegenwärtigen Besitzer als Beklagten im Streit um das Recht zum Besitz einer Sache zu beschränken. War die zunächst für den Beklagten sprechende Vermutung vom Kläger widerlegt worden, lag kein Grund mehr vor, sie dem Kläger für seine Besitzzeit vorzuenthalten[194], zumal diese Auslegung vom Wortlaut der Vorschrift ohne weiteres erfaßt wurde[195]. Die Vermutung der Rechtmäßigkeit des Besitzes

---

[190] Z.T. wurde zusätzlich noch der Nachweis der Rechtmäßigkeit des klägerischen Besitzes gefordert, *Savigny*, Obl. R., S. 161; C.F. *Koch*, S. 300. Dagegen *Dernburg*, Pr. Privatrecht, S. 609; *Förster/Eccius*, S. 119.
[191] Ob eine „Angabe" im wörtlichen Sinne ausreichte, war streitig. Dafür *Savigny*, Obl. R., S. 162; C.G. *Bruns*, Jahrb. d. gem. Rechts, Bd. 4, S. 104; dagegen *Johow* in Kochs Komm., Anm. 47 zu § 184 I 7; *Förster/Eccius*, S. 119 N. 30.
[192] *Bornemann*, Bd. 1, S. 273.
[193] S.o. bei N. 181.
[194] *Förster/Eccius*, S. 118 N. 28.
[195] *Savigny*, Obl. R., S. 156 f.

stellte wegen § 10 I 7 ALR zugleich eine Vermutung für das Vorhandensein eines gültigen Titels dar[196].

Zwar mag die Berechtigung zur Unterstellung des Titels in bestimmten Fällen zugunsten des Klägers in Zweifel gezogen werden können. Für die Unbedenklichkeit dieser Regelung spricht jedenfalls, daß der Kläger zuvor die völlige Nichtberechtigung des Beklagten dargetan haben mußte. In dieser Lage war es nicht unangemessen, vom Beklagten den Nachweis zu verlangen, daß auch dem Kläger kein Recht zur Seite stand. Der Unterschied zwischen der Klage des vollständigen Besitzers nach preußischem Recht und des Ersitzungsbesitzers nach römischem Recht bestand somit lediglich darin, daß nach römischem Recht der Titel stets zu beweisen war, während er nach preußischem Recht unter besonderen Umständen gesetzlich vermutet wurde. Dies stellt aber keine so wesentliche Abweichung dar, daß im preußischen Recht von einer Nichtgeltung des publizianischen Prinzips gesprochen werden könnte. Keine Abweichung besteht auch hinsichtlich des Ziels der Klage. Der Inhalt des Anspruchs des Eigentümers und des früheren Besitzers ist im ALR wie auch nach gemeinem Recht identisch. Im ALR ist sogar der Anspruch des Eigentümers in den §§ 20, 27 I 15 ALR durch Verweisung auf die Ansprüche der §§ 189 ff. I 7 ALR für den früheren Besitzer geregelt statt durch eine Verweisung in umgekehrter Richtung.

Ist mit der Anlehnung des § 1007 BGB an das preußische Recht nicht bereits eine Abkehr vom publizianischen Prinzip verbunden, so könnte dies jedoch aus der Gesamtheit der von der zweiten Kommission an § 945 Entwurf I vorgenommenen Änderungen zu folgern sein.

b) Die Umgestaltung des subjektiven Elements von einem rechtsbegründenden zu einem rechtshindernden Merkmal

Nach § 945 Entwurf I konnte die publizianische Rechtsposition nur geltend machen, wer bei Besitzerwerb gutgläubig gewesen war. Indem der gute Glaube zur Voraussetzung für den Eintritt der Rechtsnorm gemacht wurde, wollte die erste Kommission[197] erreichen, daß die actio Publiciana nicht als ein lediglich auf den älteren Besitz gestütztes Rechtsmittel, als Besitzvindikation, erschien. Der Kläger sollte gezwungen werden, auf den Zeitpunkt seines Besitzerwerbs zurückzugehen und Umstände darzulegen, welche geeignet wären, seinen guten Glauben zu begründen. Daß der Kläger diesen Beweis antreten mußte, ergibt sich aus der Grundregel zur Beweislastverteilung, die die erste Kommission noch in § 193 ihres Entwurfs aufgenommen hatte: Wer einen Anspruch geltend macht, hat die zur Begründung desselben erforderlichen Tatsachen zu beweisen.

---

[196] *Savigny*, Obl. R., S. 156 f.
[197] Protokolle I, S. 4240, bei *Jakobs/Schubert*, Sachenrecht, S. 867.

3. Fortentwicklung des publizianischen Prinzips

Von der zweiten Kommission, wie vorher auch schon von der Vorkommission des Reichsjustizamtes, wurde der gute Glaube aus der Voraussetzung der Norm herausgenommen und das Fehlen des guten Glaubens zur Ausnahme vom Eintritt der Norm gemacht. Aus der Gesetzesfassung ergibt sich, daß nunmehr der Beklagte für das Fehlen des guten Glaubens des Klägers beweisbelastet ist. Die Veränderung des Beweisthemas vom guten Glauben zum Fehlen des guten Glaubens bewirkt, daß im Prozeß trotz gleichbleibend nicht geführten Beweises der beweisbedürftigen Tatsache das Urteil einmal für und einmal gegen den vom Kläger behaupteten Rechtserwerb ausfällt. Der Wechsel vom guten Glauben als rechtsbegründendem Merkmal zum Fehlen des guten Glaubens als rechtshinderndem Merkmal hat somit Einfluß auf den Inhalt einer gerichtlichen Beweislastentscheidung.

Für die Frage der Fortgeltung publizianischer Grundsätze hätte die unterschiedliche Beweislastregelung aber nur dann Bedeutung, wenn mit ihr eine Änderung des materiellen Rechts einherginge. Vertreten wurde diese Ansicht von Rosenberg[198]. Es sei nicht nur eine Beweislast-, sondern in erster Linie eine materiell-rechtliche Frage, ob der böse Glaube zu einem Hinderungsgrund oder der gute Glaube zu einer Voraussetzung des Eigentumserwerbs gemacht werde, denn das materielle Recht entscheide in Tatbeständen, in denen das Vorliegen des guten oder bösen Glaubens zweifelhaft bleibe, dort zugunsten des Eigentumserwerbs und hier gegen ihn[199]. Dabei wird aber übersehen, daß das materielle Recht seine Rechtsfolgen nicht an Zweifel, sondern an das wirkliche Geschehen knüpft[200]. Ob nun der gute Glaube als positive Voraussetzung oder sein Fehlen als negative Bedingung formuliert ist, in beiden Fällen tritt der Rechtserfolg nur bei Gutgläubigkeit ein. Materiell-rechtlich stehen sich somit ein positives Tatbestandsmerkmal und sein kontradiktorisches Gegenteil als negative Bedingung völlig gleich[201]. Daher liegt in der geänderten Ausgestaltung des Merkmals des guten Glaubens keine sachliche Abweichung gegenüber § 945 Entwurf I und dem publizianischen Prinzip.

Als Folge der geänderten Beweislastverteilung braucht der Kläger allerdings nicht mehr auf die Umstände seines Besitzerwerbs einzugehen. Das Fehlen des guten Glaubens bei Besitzerwerb bewirkt als rechtshinderndes Merkmal im Ergebnis das gleiche wie eine gesetzliche Vermutung für das Vorliegen des guten Glaubens[202]. Der Kläger braucht nur noch seinen früheren Besitz nachzuweisen, damit er als gutgläubiger Erwerber gilt. Zur Durchsetzung des Anspruchs aus § 1007 BGB reicht dies allerdings noch nicht aus. Für den beklagten Besitzer streitet die Eigentumsvermutung des § 1006

---

[198] S. 134 ff.
[199] *Rosenberg*, S. 135.
[200] *Musielak*, S. 296.
[201] *Musielak*, S. 295; *Prütting*, S. 267.
[202] *Musielak*, S. 299.

Abs. 1 Satz 1 BGB. Sie muß entweder durch den Nachweis bösgläubigen Besitzerwerbs des Beklagten widerlegt oder nach § 1006 Abs. 1 Satz 2 BGB ausgeschlossen werden. Gelingt dies dem Kläger, so obsiegt er, ohne daß er einen weiteren Beweis für sein geltend gemachtes Eigentumsrecht zu erbringen hätte. Seine Stellung als gutgläubiger Erwerber reicht gegenüber einem nachgewiesenermaßen völlig unberechtigten Besitzer zur Geltendmachung des Eigentumsanspruchs aus.

Kann demgegenüber der Besitzer geltend machen, daß ihm die Sache noch vor der Besitzzeit des Klägers abhanden gekommen war, dringt der Anspruch des Klägers nicht durch. Zwar folgt aus dem Abhandenkommen der Sache nichts für das Bestehen eines Rechts des Verlierenden[203], aber ein gutgläubiger Eigentumserwerb des Klägers ist damit ausgeschlossen. Es besteht kein Grund mehr, ihm das Geforderte ohne vollen Beweis des behaupteten Rechts zu gewähren. Da es für diese Folge auf ein Recht des Beklagten nicht ankommt, kann dieser sich auf das frühere Abhandenkommen auch dann berufen, wenn er selbst bei Besitzerwerb bösgläubig war. § 1007 BGB ist auch nicht teilweise eine Sanktion gegen den bösgläubigen Besitzer[204]. Es wird nur in bestimmten Fällen nicht der volle Beweis des behaupteten Rechts verlangt. Steht dieses Recht weder dem Kläger noch dem Beklagten zu, liegt kein Grund vor, an der Besitzlage etwas zu ändern[205].

c) Das Rangverhältnis mehrerer Erwerber

Nach römischem Recht und damit völlig übereinstimmend nach § 945 Abs. 2 Entwurf I ging der gutgläubige Erwerber stets dem bösgläubigen vor, denn letzterer konnte die publizianische Rechtsposition nicht für sich in Anspruch nehmen. Trafen zwei gutgläubige Erwerber aufeinander, ging regelmäßig der beklagte Besitzer vor. Hatten allerdings beide von demselben Veräußerer erworben, wurde derjenige bevorzugt, der sich auf den früheren Erwerbsakt berufen konnte. Entsprechend einem bereits in der Vorkommission des Reichsjustizamtes gemachten Vorschlag änderte die zweite Kommission das Rangverhältnis mehrerer Erwerber insoweit ab, als beim Aufeinandertreffen zweier gutgläubiger Erwerber grundsätzlich das Abhandenkommen der Sache entscheiden sollte. War die Sache nicht abhanden gekommen, hatte der spätere Erwerb Vorrang. War die Sache dem Kläger abhanden gekommen, erhielt er den Vorzug. War die Sache auch dem Beklagten und vor der Besitzzeit des Klägers abhanden gekommen, blieb die Sache beim Beklagten. Unbeachtlich war das Abhandenkommen bei Geld und Inhaberpapieren. Bei ihnen hatte stets der letzte gutgläubige Erwerb Vorrang. Hinsichtlich des

---

[203] Protokolle I, S. 4239, bei *Jakobs/Schubert*, Sachenrecht, S. 867.
[204] A.A. MünchKomm/*Medicus*, § 1007 Rz 3.
[205] Motive III, S. 433.

Verhältnisses von gutgläubigem zu bösgläubigem Erwerber blieb es bei der Bevorzugung des gutgläubigen Erwerbers.

Die zweite Kommission hat mit dieser Bestimmung des Rangverhältnisses mehrerer gutgläubiger Erwerber Abschied genommen von dem im römischen Recht grundsätzlich geltenden Prioritätsprinzip, das nur durchbrochen war, wenn beide Parteien publizianisch berechtigt waren. Statt dessen hat sie die Berechtigung des früheren Besitzers im Einklang mit den Vorschriften über den gutgläubigen Eigentumserwerb geregelt. Bösgläubigkeit bei Besitzerwerb verhindert nach § 932 BGB jeglichen Eigentumserwerb. Entsprechend ist der Anspruch des früheren Besitzers nach § 1007 Abs. 3 Satz 1 BGB ausgeschlossen, wenn der frühere Besitzer bei Besitzerwerb bösgläubig gewesen war. Selbst gutgläubiger Besitzerwerb führt aber nicht in jedem Fall zum Eigentumserwerb. Bei abhanden gekommenen Sachen ist der Verkehrsschutz grundsätzlich zugunsten der Rechtssicherheit zurückgedrängt (§ 935 Abs. 1 BGB). Darauf kann sich jedoch nur berufen, wem die Sache selbst abhanden kam. Denn lediglich ihm gegenüber ist nach § 1006 Abs. 1 Satz 2 BGB die für den gegenwärtigen Besitzer streitende Eigentumsvermutung des § 1006 Abs. 1 Satz 1 BGB ausgeschlossen. Dies berücksichtigt § 1007 Abs. 2 Satz 1 BGB, wonach der Anspruch des früheren Besitzers nur ausgeschlossen ist, wenn die Sache gerade dem Besitzer früher einmal abhanden gekommen war. Bei Geld und Inhaberpapieren bleibt es dagegen uneingeschränkt beim Vorrang des Verkehrsschutzes (§§ 935 Abs. 2, 1006 Abs. 1 Satz 2, 1007 Abs. 2 Satz 2 BGB).

Der Eigentumseinwand, mit dem der Beklagte im römischen Recht die actio Publiciana stets abwehren konnte, ist ausdrücklich nur in § 1007 Abs. 2 Satz 1 BGB für einen gutgläubigen Erwerber als Beklagten vorgesehen. Dabei dürfte es sich aber um ein Redaktionsversehen handeln. Noch nach § 945 Abs. 2 Entwurf I setzte sich der publizianische Berechtigte niemals gegenüber dem Eigentümer durch. Dafür, daß die zweite Kommission hieran etwas ändern wollte, liegt kein Anhaltspunkt vor. Im übrigen ergibt sich aus § 1007 Abs. 3 Satz 2 BGB, daß auch ein bösgläubiger Erwerber sich auf sein Eigentum, das er etwa nachträglich erworben hat, berufen kann[206]. § 1007 Abs. 3 Satz 2 BGB ist daher auf beide vorhergehenden Absätze anwendbar, und aus seiner Bezugnahme auf § 986 BGB folgt die Möglichkeit, sich auf ein Recht zum Besitz aus Eigentum zu berufen.

Nicht zu berücksichtigen scheint § 1007 BGB den Fall der Veräußerung einer Sache im Wege öffentlicher Versteigerung, der in § 935 Abs. 2 BGB enthalten ist. Ein Erwerb im Wege öffentlicher Versteigerung überwindet das den Eigentumserwerb nach § 935 Abs. 1 BGB hindernde Merkmal des Abhandenkommens der Sache. Im übrigen müssen jedoch alle Voraussetzungen

---

[206] *Staudinger/Gursky*, § 1007 Rz 27.

eines gutgläubigen Erwerbs vorliegen, damit der Eigentumserwerb eintritt. Dieser Wertung der Interessen in den §§ 932 ff. BGB entspricht § 1007 BGB, ohne daß der Fall des Erwerbs im Wege öffentlicher Versteigerung besonders geregelt werden müßte. Weist der Beklagte einen Erwerb in einer öffentlichen Versteigerung nach, ist das Merkmal des Abhandenkommens überwunden. Der Kläger dringt nicht nach § 1007 Abs. 2 Satz 1 BGB durch, weil zugunsten des Beklagten der Eigentumserwerb zu unterstellen ist, § 932 Abs. 2 BGB iVm § 935 BGB. Dem Kläger bleibt nur übrig, die Bösgläubigkeit des Beklagten nachzuweisen und die Sache nach § 1007 Abs. 1 BGB herauszuverlangen.

Die Anpassung des Rangverhältnisses mehrerer Erwerber an die Vorschriften des gutgläubigen Eigentumserwerbs hat nicht unerhebliche Fassungsänderungen gegenüber § 945 Entwurf I mit sich gebracht. Sie sind jedoch ganz im Geist des publizianischen Prinzips erfolgt. Im römischen Recht hatte Übereinstimmung geherrscht zwischen den Voraussetzungen der publizianischen Klage und denen des mit dieser Klage geltend gemachten Eigentumserwerbsgrundes der Ersitzung. Wer die Sache mit Ablauf der Ersitzungszeit zu Eigentum erworben hätte, konnte aufgrund des in der Klageformel fingierten Ablaufs der Ersitzungsfrist bereits vorher einen Anspruch geltend machen, der inhaltlich mit dem Eigentumsanspruch identisch war. In § 945 Entwurf I war dieser Gleichlauf zwischen Klage und Erwerbsgrund verlorengegangen. An die Stelle der ordentlichen Ersitzung des römischen Rechts war der gutgläubige Eigentumserwerb getreten. Aber anstatt die publizianische Rechtsposition auf den gutgläubigen Erwerber zu beschränken, blieb die erste Kommission bei der grundsätzlichen Anlehnung an die Ersitzung, wobei allerdings der Besitz durch Übergabe erlangt sein mußte. Dadurch entstand eine eigenartige, weder zum gutgläubigen Erwerb noch zur Ersitzung passende publizianische Rechtsposition, die vielmehr zwischen beiden Instituten eine Mittelstellung einnahm. Sie war nicht mehr lediglich konstruktives Hilfsmittel zum Schutz eines Erwerbers, dessen Schutzbedürftigkeit durch Wertungen in anderen Vorschriften vorgegeben war. § 945 Entwurf I umgrenzte eigenständig den Kreis der Anspruchsberechtigten, ohne allerdings die sachliche Berechtigung der Grenzziehung aufzuzeigen.

Die zweite Kommission machte den publizianischen Anspruch wieder zu einem Hilfsmittel zum Schutz des gutgläubigen Erwerbers. Es ist dies die konsequente und folgerichtige Weiterentwicklung des publizianischen Prinzips nach der Einführung des gutgläubigen Eigentumserwerbs anstelle der ordentlichen Ersitzung des römischen Rechts.

d) Die Besitzaufgabe

Aus der Fassung der actio Publiciana als einer ausschließlich auf Tatsachen beruhenden Klage war im gemeinen Recht allgemein abgeleitet worden, daß

3. Fortentwicklung des publizianischen Prinzips

der Beklagte sich nur auf ein eigenes, durch eine besondere exceptio berücksichtigtes Recht zum Besitz der Sache berufen konnte. Der Ausschluß der sog. exceptio de iure tertii war für die erste Kommission ausschlaggebend gewesen für die Aufnahme des publizianischen Prinzips ins bürgerliche Recht. Aus dieser Fassung war jedoch auch gefolgert worden[207], die Klage könne zu jeder Zeit von jedem erhoben werden, der die Sache irgendwann einmal redlich erworben hatte. Das rechtliche Schicksal, das die Sache bei ihm erfahren habe, sei völlig unbeachtlich. Insbesondere bei späteren rechtsgeschäftlichen Verfügungen des Erwerbers über die Sache wurde diese Konsequenz als unbillig empfunden. Der Versuch[208], die Berücksichtigung von Verfügungen des redlichen Erwerbers über die Sache bei der actio Publiciana bereits für das gemeine Recht zu begründen, konnte sich aber nicht durchsetzen.

Wohl auch unter dem Eindruck dieser Konsequenz äußerte die zweite Kommission[209] Zweifel, ob die völlige Abschneidung der exceptio de iure tertii der Gerechtigkeit entspreche. Jedenfalls müsse auch eine exceptio de iure tertii insoweit zugelassen werden, als der frühere Besitzer seinen Besitz rechtswirksam aufgegeben habe. Ein solcher früherer Besitzer stehe in keinem Verhältnis mehr zur Sache und dürfe sie selbst einem unredlichen Besitzer nicht abnehmen können.

Mit der Einführung der Besitzaufgabe als rechtshinderndes Merkmal stellte die zweite Kommission klar, daß als Anspruchsteller nur ein redlicher Erwerber in Betracht kommt, der auch wirklich Inhaber des von ihm behaupteten Rechts sein kann. Hat er selbst über die Sache rechtsgeschäftlich verfügt, kann er nicht mehr Berechtigter sein. Die Besitzaufgabe kann daher nur dann etwas über die Berechtigung des Anspruchstellers aussagen, wenn sie im Rahmen eines solchen Verfügungsgeschäftes erfolgt ist. Für die Auslegung des Begriffs der Besitzaufgabe ist daher nicht auf § 856 BGB abzustellen[210], der ohnehin auf die Aufgabe der tatsächlichen Gewalt abstellt und auch den unfreiwilligen Besitzverlust umfaßt[211]. Vielmehr meint die Besitzaufgabe in § 1007 BGB zum einen die freiwillige Übertragung des unmittelbaren Besitzes, die Begründung mittelbaren Besitzes, die Übertragung des mittelbaren Besitzes und die Aufhebung des Besitzmittlungsverhältnisses[212]. Bei der einseitigen Preisgabe des Besitzes kommt dagegen nur die rechtsgeschäftliche Aufgabe nach § 959 BGB in Betracht, der auch ausdrücklich von Besitzaufgabe spricht.

---

[207] S.o. bei N. 104.
[208] *Jess*, Jherings Jahrb. 14 (1875), S. 217.
[209] Protokolle II, Bd. 3, S. 383.
[210] A.A. die hM, vgl. nur *Staudinger/Gursky*, § 1007 Rz 11.
[211] MünchKomm/*Quack*, § 856 Rz 7.
[212] *Staudinger/Gursky*, § 1007 Rz 11.

IV. § 1007 BGB als den Eigentumsanspruch regelnde Vorschrift

Das Recht des Dritten kann aber insoweit herangezogen werden, als damit nachgewiesen werden soll und kann, daß der Kläger selbst den Besitz aufgegeben hat. Im übrigen sind Einreden aus dem Recht Dritter weiterhin unzulässig[213]. Damit stellt auch das zusätzliche Merkmal der Besitzaufgabe keine Abwendung vom publizianischen Prinzip dar, sondern lediglich die Korrektur einer bestimmten, als unbillig empfundenen Konsequenz.

e) Der Anspruch des früheren Fremdbesitzers

Nach dem Wortlaut des § 1007 BGB kann jeder frühere Besitzer den Anspruch geltend machen, ohne daß es auf die rechtliche Qualifikation des Besitzes ankommt. Die actio Publiciana hatte sich dagegen als dingliche Klage des Eigentumsprätendenten entwickelt. Sie wurde im gemeinen Recht lediglich bei beschränkten dinglichen Rechten, die zum Besitz der Sache berechtigen, analog angewandt[214]. Von diesen beschränkten dinglichen Rechten finden sich im BGB der Nießbrauch und das Pfandrecht an beweglichen Sachen wieder. In den §§ 1065, 1227 BGB ist jeweils bestimmt, daß die für die Ansprüche aus dem Eigentum geltenden Vorschriften entsprechende Anwendung finden. Es ist allgemein anerkannt, daß unter diese Verweisungen auch § 1007 BGB fällt. Diese analoge Anwendung des publizianischen Prinzips auf Nießbrauch und Pfandrecht an beweglichen Sachen entspricht aber nicht nur gemein-rechtlicher Tradition, sondern ist auch sachlich gerechtfertigt. Nach den §§ 1032, 1207 BGB ist grundsätzlich auch ein gutgläubiger Erwerb von Nießbrauch und Pfandrecht nach den für das Eigentum geltenden Vorschriften möglich. Die dabei im einzelnen bestehenden Abweichungen gegenüber dem gutgläubigen Eigentumserwerb spielen für die hier zu entscheidende Frage keine Rolle. Abzustellen ist vielmehr auf dieselbe Interessenlage beim Erwerb des Eigentums, Nießbrauchs oder Pfandrechts. Daher ist es auch beim Nießbraucher und Pfandgläubiger als unbillig anzusehen, den Nachweis ihres Rechtes nur deshalb als nicht erbracht zu werten, weil möglicherweise einem unbeteiligten Dritten ein den Nießbrauch oder das Pfandrecht hinderndes Recht an der Sache zusteht.

Unbekannt war dem gemeinen Recht allerdings die Anwendung publizianischer Grundsätze auf Besitzer, die ausschließlich obligatorisch zum Besitz berechtigt waren. Für eine Analogie fehlte schlechterdings jegliche Grundlage, weil es eine ordentliche Ersitzung obligatorischer Rechte nicht gab. Ebensowenig läßt sich heute ein dinglicher Anspruch des bloß obligatorisch Berechtigten mit dem Gedanken des Verkehrsschutzes begründen. Das BGB kennt keinen gutgläubigen Erwerb obligatorischer Rechte.

---

[213] *Staudinger/Gursky*, § 1007 Rz 17.
[214] S.o. bei N. 50 ff.

3. Fortentwicklung des publizianischen Prinzips

Eine dem Anspruch des früheren obligatorischen Fremdbesitzers ähnliche Regelung findet sich allerdings im preußischen ALR. Da die zweite Kommission bei Schaffung des § 1007 BGB ausdrücklich auf das preußische ALR Bezug genommen hat, dürfte es sich dabei um das Vorbild der geltenden Regelung handeln.

Das preußische ALR unterschied zwischen dem Klagerecht des unvollständigen Besitzers und dem des bloßen Inhabers. Nach § 6 I 7 ALR war unvollständiger Besitzer, wer eine Sache zwar als fremde in Gewahrsam genommen hatte, aber in der Absicht, zu eigenem Nutzen über sie zu verfügen. Der unvollständige Besitzer konnte nach den §§ 169, 170 I 7 ALR während der Dauer seines Besitzrechts gegen jeden auf Wiederherstellung seines Besitzes klagen. Dieses Klagerecht des unvollständigen Besitzers wurde auch als actio Publiciana bezeichnet[215]. Soweit unter den Begriff des unvollständigen Besitzers die Inhaber eines beschränkten dinglichen Rechts fielen, schien dies im Einklang mit dem gemeinen Recht zu stehen. Dies wurde auch hinsichtlich der übrigen Fremdbesitzer teilweise[216] behauptet, da nach ALR alle obligatorischen Rechte nach Besitzerlangung als dingliche gegolten hätten.

Der entscheidende Unterschied zum publizianischen Prinzip bestand jedoch darin, daß der unvollständige Besitzer kein eigenes dingliches Besitzrecht gegenüber Dritten verfolgen konnte. Nach § 171 I 7 ALR mußte der unvollständige Besitzer demjenigen weichen, der ein besseres Recht zum Besitz als derjenige hatte, von dem der unvollständige Besitzer sein Recht ableitete. Wenn das Recht desjenigen erloschen war, welcher dem unvollständigen Besitzer das Besitzrecht verliehen hatte, mußte er nach § 172 I 7 ALR dem weichen, auf welchen das Eigentum oder vollständige Besitzrecht übergegangen war. Das Klagerecht war somit ganz von der Wirksamkeit des Besitzmittlungsverhältnisses abhängig, nicht vom Besitz als solchem. War der unvollständige Besitzer beim Verlust der Sache nicht mehr zum Besitz berechtigt gewesen, stand ihm kein Klagerecht nach den §§ 169, 170 I 7 ALR zu.

Gleiches galt für den Inhaber. Nach den §§ 1 bis 3 I 7 ALR war Inhaber, wer eine Sache entweder für einen anderen oder zwar für sich selbst innehatte, aber keinen gültigen Besitzwillen fassen konnte. Der Inhaber konnte nach § 162 I 7 ALR die seinem Gewahrsein entkommene Sache nur von demjenigen zurückfordern, der sie ohne allen Rechtsgrund im Besitze hatte. Sein Recht war aber nach § 163 I 7 ALR schwächer als das Recht eines jeden, der eine Befugnis zum Besitz nachweisen konnte. Die Kennzeichnung auch des Klagerechts des Inhabers als actio Publiciana ist völlig unzutreffend. Der Inhaber hat keinen Besitz an der Sache. Er ist allenfalls Stellvertreter im Besitze eines anderen, indem er für diesen den Gewahrsam ausübt. Aus dem blo-

---

[215] *Johow* in Kochs Komm., Anm. 36 zu § 162 I 7 ALR.
[216] C.F. *Koch*, S. 302.

ßen Gewahrsam läßt sich aber kein Anspruch auf den Besitz der Sache ableiten. Dies auch nicht mit der Überlegung[217], der Inhaber sei Dritten gegenüber berechtigt, die ihm obliegende Verpflichtung zur Verwahrung der Sache zu erfüllen. Kann der Inhaber kein eigenes Recht zum Besitz geltend machen, ist andererseits der Restitutionsanspruch wegen widerrechtlicher Besitzentziehung in den §§ 146, 147 I 7 ALR geregelt, muß es sich beim Klagerecht des Inhabers nach den §§ 162, 163 I 7 ALR um die Geltendmachung des Rechtes desjenigen handeln, für den er innehat[218].

Der unvollständige Besitzer und der Inhaber machen somit beide nach den Vorschriften des preußischen ALR jeweils das Recht eines anderen geltend. Es handelt sich nicht um die Gewährung eines dinglichen Klagerechts für den allenfalls obligatorisch berechtigten Fremdbesitzer. Vielmehr geht es um die Frage, inwieweit sich der Besitzer des Rechtes eines Dritten bedienen darf. Diese Frage war trotz des Grundsatzes von der Unzulässigkeit der sog. exceptio de iure tertii auch für die gemein-rechtliche actio Publiciana nicht rundweg zu verneinen. So klagte der gutgläubige Faustpfandrechtserwerber nicht aus eigenem Recht, sondern ihm war die Befugnis eingeräumt, sich auf die publizianische Rechtsposition seines Rechtsurhebers zu berufen[219]. Daher zwingt auch die Erweiterung der Klagemöglichkeit über den Kreis der Eigentums-, Nießbrauchs- und Pfandrechtsprätendenten hinaus auf solche Besitzer, die lediglich ein obligatorisches Besitzrecht für sich behaupten, nicht zu der Annahme, die zweite Kommission habe mit dem publizianischen Prinzip gebrochen.

4. Der sachliche Inhalt des § 1007 BGB

Mit der Feststellung, daß § 1007 BGB die konsequente und folgerichtige Weiterentwicklung der publizianischen Rechtsposition darstellt, ist allerdings noch nicht die Frage nach der richtigen dogmatischen Einordnung der Vorschrift beantwortet. Da die publizianische Rechtsposition des ersten Entwurfs zum BGB ihrerseits sich an die gemein-rechtliche actio Publiciana anlehnte, geht § 1007 BGB im Ergebnis auf römisches Recht zurück. Damit scheint für die Beantwortung der aufgeworfenen Frage ein fast unübersehbares Quellenmaterial zur Verfügung zu stehen. Aber abgesehen davon, daß unter der Geltung des gemeinen Rechts über die zutreffende Einordnung der actio Publiciana keine Einigkeit herrschte, ist zu berücksichtigen, daß bei der Übernahme des publizianischen Prinzips ins System des bürgerlichen Rechts nicht unerhebliche Modifikationen hinsichtlich seiner Geltungsvoraussetzungen erforderlich waren. Insbesondere die von der zweiten Kommission be-

---
[217] *Johow* in Kochs Komm., Anm. 36 zu § 162 I 7 ALR.
[218] C.F. *Koch*, S. 297 ff.; *Bornemann*, Bd. 1, S. 272.
[219] *Windscheid*, § 230, S. 1153.

schlossenen Änderungen bei den Klagevoraussetzungen sowie vor allem die Ausdehnung auf den obligatorischen oder gar nur vermeintlich obligatorisch berechtigten Fremdbesitzer waren dem gemeinen Recht unbekannt gewesen. Daher können gemein-rechtliche Vorstellungen zur actio Publiciana nur unter Vorbehalt für § 1007 BGB verwertet werden.

a) § 1007 BGB als Einredebeschränkung gegenüber dem Eigentumsprätendenten

Eine gewisse Übereinstimmung zwischen § 1007 BGB und actio Publiciana besteht allerdings im Hinblick auf den früheren Eigenbesitzer und Eigentumsprätendenten. Ihm steht sowohl nach bürgerlichem als auch nach gemeinem Recht ein eigener Herausgabeanspruch gegen jeden Besitzer zu. Dieser Anspruch war im gemeinen Recht mit dem Vindikationsanspruch inhaltlich deckungsgleich. Für das bürgerliche Recht ist dies trotz der in § 1007 Abs. 3 Satz 2 BGB enthaltenen Verweisung auf die §§ 986 ff. BGB umstritten. Dieser eigene Anspruch, dem Eigentumsanspruch inhaltlich entsprechend, aber kein Eigentum voraussetzend, war von jeher Anlaß gewesen, nach einem besonderen, vom Eigentum verschiedenen Recht zu suchen, dessen Verwirklichung der Anspruch diente. Zwar waren immer schon Ansprüche bekannt gewesen, die ihren Grund in sich selbst tragen und nicht auf ein anderes, ihnen zugrundeliegendes Recht bezogen sind. Zu diesen Ansprüchen zählen etwa die schuldrechtlichen Forderungen und die familienrechtlichen Unterhaltsansprüche. Dingliche Ansprüche haben demgegenüber typischerweise die Funktion der Rechtsverwirklichung.

Dieses dem dinglichen Anspruch der actio Publiciana zugrundeliegende Recht konnte unter der Geltung der römischen Eigentumserwerbsregeln nicht das Eigentum sein. Der publizianische Anspruch setzte weder rechtsgeschäftlichen noch originären Eigentumserwerb voraus. Es reichte aus, daß der Kläger die Möglichkeit gehabt hatte, durch fortgesetzten Besitz das Eigentum zu erwerben. Ein solcher Ersitzungsbesitzer wurde dem Eigentümer gleich behandelt.

Nach § 1007 BGB reicht früherer Ersitzungsbesitz als Klagebegründung nicht mehr aus. Anspruchsberechtigt ist nur derjenige, in dessen Person zugleich die positiven Voraussetzungen eines gutgläubigen Eigentumserwerbs nach den §§ 932 ff. BGB vorliegen. Hat der frühere Eigenbesitzer bösgläubigen Besitzerwerb des Beklagten nachgewiesen, ist seine Klage nicht nur aus § 1007 Abs. 1 BGB, sondern auch nach §§ 985, 1006 Abs. 2 BGB begründet, weil er zugleich die für den Besitzer streitende Eigentumsvermutung des § 1006 Abs. 1 Satz 1 BGB widerlegt hat. Ist die Sache dem früheren Besitzer abhanden gekommen, kann er sie nicht nur nach § 1007 Abs. 2 BGB zurückfordern, sondern auch nach §§ 985, 1006 Abs. 2 BGB, weil nun ihm gegenüber die für den Besitzer streitende Eigentumsvermutung nach § 1006 Abs. 1

Satz 2 BGB ausgeschlossen ist. Es fragt sich daher, ob im bürgerlichen Recht überhaupt noch von einer Verschiedenheit der Ansprüche aus § 985 BGB einerseits und § 1007 BGB andererseits ausgegangen werden kann.

Der praktische Unterschied zwischen beiden Vorschriften besteht allerdings darin, daß der Beklagte sich gegenüber dem Anspruch aus § 985 BGB auch mit einer sog. exceptio de iure tertii verteidigen kann, während dies bei § 1007 BGB ausdrücklich nur bei freiwilliger Besitzaufgabe durch den Kläger der Fall ist. So ist unbestritten, daß die Behauptung des Beklagten, ein Dritter sei Eigentümer der vom Kläger herausverlangten Sache, gegenüber § 985 BGB erheblich ist, nicht aber gegenüber § 1007 BGB. Der Grund für dieses Ergebnis scheint auf der Hand zu liegen. § 985 BGB setzt eben Eigentum beim Anspruchsberechtigten voraus, während dieses bei § 1007 BGB nicht erforderlich ist.

Diese Begründung stellt ganz auf das materielle Recht ab. Bei der sog. exceptio de iure tertii handelt es sich jedoch um einen prozessualen Begriff. Er umfaßt jedes Gegenvorbringen eines Beklagten, das nicht Klageleugnung ist[220]. Ein solches Gegenvorbringen gebe den Klagegrund an sich zu, behaupte aber einen neuen Tatbestand, der zur Abweisung des erhobenen Anspruches führen müsse, sei es durch Aufstellung einer rechtsvernichtenden Tatsache, sei es durch eine Einrede im materiellen Sinne als einem Gegenrechte, das zur Leistungsverweigerung auf Zeit oder für immer berechtige. Auch die erste Kommission[221], die die publizianische Rechtsposition gerade wegen des Ausschlusses der sog. exceptio de iure tertii beibehielt, hat den Begriff offensichtlich in seiner weiten, prozessualen Bedeutung verstanden. Dies ergibt sich aus ihrer Umschreibung des publizianischen Prinzips, wonach es zu großen Unzuträglichkeiten führte, wenn im Eigentumsprozeß darüber verhandelt werden könnte, ob vielleicht eine dritte Person der wahre Eigentümer sei und um deswillen der Beweis des klägerischen Rechts als nicht erbracht anzusehen wäre.

Unter die Einrede im prozessualen Sinne fällt auch die Geltendmachung des Eigentums eines Dritten. Durch eine solche Prozeßbehauptung gegenüber einer Vindikationsklage wird zwar das Eigentum des Klägers geleugnet und damit das Bestehen des Eigentumsanspruchs. Aber diese Behauptung stellt nicht bloß ein Bestreiten des Klagegrundes dar und braucht daher den Kläger nicht stets zum Beweis zu nötigen[222]. Beweisbedürftig sind immer nur Tatsachen. Dies sind bei der Eigentumsklage vor allem diejenigen Tatsachen, aus denen auf das Entstehen des Eigentumsrechtes geschlossen werden muß. Zum Schluß auf das Eigentum zwingen im Prozeß aber nicht erst alle Merkmale, die materiell für den Eigentumserwerb erforderlich sind, sondern es rei-

---

[220] *Stammler*, S. 107. Dort auch das Folgende.
[221] Motive III, S. 431.
[222] *Rappaport*, S. 233, ist anderer Ansicht.

4. Der sachliche Inhalt des § 1007 BGB

chen die klagebegründenden Merkmale aus. Das Eigentum des Dritten kann daher stets nur als rechtshinderndes, rechtsvernichtendes oder rechtshemmendes Merkmal von Bedeutung sein. Diese Merkmale sind prozessual als Einreden des Beklagten zu behandeln, die er zu beweisen hat. Das pauschale Bestreiten des klägerischen Vindikationsanspruchs vermag daher lediglich zu bewirken, daß der Kläger konkrete Umstände vortragen muß, aus denen sich ein Eigentumserwerb ergibt. Aus dem substantiierten Klägervortrag lassen sich zugleich die Anforderungen ableiten für eine erhebliche Einrede aus dem Eigentum eines Dritten. Zu unterscheiden ist dabei, ob der Eigentumserwerb des Dritten vor oder nach dem vom Kläger behaupteten Erwerb stattgefunden haben soll. Soll der Eigentumserwerb des Dritten zeitlich vor dem des Klägers eingetreten sein, ist das Eigentum des Dritten zunächst unerheblich. Der Kläger hätte aufgrund der von ihm behaupteten Tatsachen auch von einem anderen als dem Dritten, bei Unterstellung des Eigentums des Dritten also von einem Nichtberechtigten, Eigentum erworben. Da er zudem nicht den Fortbestand seines Eigentums zu beweisen hat, kann er den Eigentumsanspruch geltend machen. Der Beklagte muß vielmehr versuchen, in Verbindung mit dem Eigentum des Dritten das Vorliegen eines rechtshindernden Merkmals beim Erwerb des Klägers darzutun, damit er einer Verurteilung entgeht. § 1007 BGB bewirkt jedoch, daß von der Vielzahl der theoretisch in Betracht kommenden rechtshindernden Einreden allein die Bösgläubigkeit des Klägers beim Erwerb erheblich ist, d.h. er durfte nicht um das Eigentum des Dritten gewußt haben bzw. nicht in grob fahrlässiger Weise darüber in Unkenntnis gewesen sein. Alle übrigen, den Eigentumserwerb hindernden Einreden sind unerheblich, da dann der Herausgabeanspruch zwar nicht nach § 985 BGB, aber nach § 1007 BGB begründet ist.

Soll sich dagegen der Eigentumserwerb des Dritten nach demjenigen des Klägers ereignet haben, handelt es sich um eine rechtshindernde Einrede. Sie ist in § 1007 BGB in dem Merkmal der freiwilligen Besitzaufgabe[223] mitgeregelt und stets erheblich.

Als dritte Gruppe der prozessualen Einreden bleiben die Leistungsverweigerungsrechte oder Einreden im materiellen Sinne. Das Eigentum eines Dritten kann in diesem Zusammenhang allerdings keine Rolle spielen, da die Geltendmachung des Dritteigentums, sofern sie überhaupt erheblich ist, bereits das Bestehen des Eigentumsanspruchs ausschließt. Trägt der Beklagte etwa vor, die von ihm besessene Sache habe er zwar nicht vom Kläger gemietet, sondern von einem Dritten, der aber in Wahrheit der Eigentümer sei, so geht es nicht um ein „besseres" Besitzrecht des Beklagten gegenüber dem Kläger[224]. Vielmehr macht der Beklagte eine rechtshindernde oder rechtsvernichtende Einrede gegen das Recht des Klägers geltend. Eine den Eigentumsan-

---
[223] S.o. bei N. 207 ff.
[224] So aber die hM, vgl. *Staudinger/Gursky*, § 1007 Rz 13.

IV. § 1007 BGB als den Eigentumsanspruch regelnde Vorschrift

spruch hemmende Einrede aus dem Rechte eines Dritten liegt daher nur vor, wenn der Beklagte seinen Besitz von einer dritten Person ableitet, die ihrerseits dem Eigentümer gegenüber zum Besitz berechtigt ist[225]. Diese Fallgestaltung hat in § 986 Abs. 1 BGB ihre gesetzliche Regelung gefunden. Sie findet auf den Anspruch aus § 1007 BGB entsprechende Anwendung aufgrund der Verweisung in Abs. 3 Satz 2. Besonderheiten ergeben sich bei der entsprechenden Anwendung des § 986 Abs. 1 BGB auf den Anspruch aus § 1007 BGB nicht. Die von Rechtsprechung und Lehre entwickelten Grundsätze zu § 986 Abs. 1 BGB gegenüber dem Anspruch aus § 985 BGB sind ohne Einschränkung übertragbar. Der Besitzer kann danach die Herausgabe der Sache verweigern, wenn er einem Dritten gegenüber zum Besitze berechtigt oder verpflichtet ist und der Dritte dem früheren Besitzer gegenüber zum Besitz und zur Überlassung des Besitzes an den Besitzer berechtigt ist[226].

Als Ergebnis zum Umfang des Ausschlusses der sog. exceptio de iure tertii bei § 1007 BGB bleibt danach festzuhalten, daß ausschließlich rechtshindernde Einreden unter Heranziehung eines fremden Rechts unzulässig sind und dies auch nur insoweit, als nicht mit ihrer Hilfe die Bösgläubigkeit des Klägers bei Besitzerwerb bewiesen werden soll. Der Umfang der Einredebeschränkung bei § 1007 BGB ist damit gering. Im Prozeß wirkt sie sich allerdings über den Anspruch aus § 1007 BGB hinaus mittelbar auf § 985 BGB aus. Da beide Ansprüche auf dieselben Klagetatsachen gestützt sind und auf dasselbe Ziel gehen, werden Beweise nicht erhoben, soweit die behaupteten Einredetatsachen nur gegenüber einer Anspruchsgrundlage erheblich sind. Der Richter hat in dieser Situation das Vorhandensein der Einrede offen zu lassen und die Klage zuzusprechen. Für das praktische Ergebnis ist es gleich, ob der Klageanspruch aufgrund nur einer Anspruchsnorm oder aufgrund einer Anspruchsnormenkonkurrenz begründet ist. Die theoretische Klärung dogmatischer Streitfragen, auf die es im Ergebnis nicht ankommt, ist nicht Aufgabe des Prozesses.

Dagegen ist es gerade das Ziel dieser Untersuchung, eine Antwort auf die Frage nach der materiell-rechtlichen Anspruchsgrundlage zu geben. Diese Antwort ergibt sich als Konsequenz der herausgearbeiteten Funktion des § 1007 BGB als prozessuale Einredebeschränkung. Hat der frühere Eigenbesitzer die zur Begründung eines Anspruchs aus § 1007 BGB genügenden Tatsachen nachgewiesen, so reicht dies prozessual zugleich aus, den Anspruch aus den §§ 985, 1006 Abs. 2 BGB durchzusetzen. Die für den Besitzer sprechende Eigentumsvermutung ist ausgeräumt, die Voraussetzungen für die Eigentumsvermutung zugunsten des früheren Besitzers liegen vor. § 1007 BGB bewirkt nun, daß im Herausgabestreit um eine bewegliche Sache diese Eigentumsvermutung in bestimmten Fällen nicht widerlegt werden kann. Die Vor-

---

[225] Vgl. *Wolff*, Recht zum Besitze, S. 160.
[226] *Wolff*, Recht zum Besitze, S. 160.

schrift steigert so die Eigentumsvermutung für den früheren Eigenbesitzer von einer widerlegbaren praesumtio iuris zu einer nicht widerlegbaren praesumtio iuris et de iure, einer Fiktion.

Die Suche nach einem besonderen, für § 1007 BGB spezifischen Recht ist damit schon vom Ansatz her verkehrt. Sie mag im gemeinen Recht aufgrund der juristischen Konstruktion der actio Publiciana noch logisch zwingend gewesen sein. Nachdem im bürgerlichen Recht die klagebegründenden Tatsachen für § 985 BGB und § 1007 BGB dieselben sind, ist dies nicht mehr der Fall. Jetzt beruht die Suche vielmehr auf einem Mißverständnis der Funktion des § 1007 BGB. Dieses Mißverständnis ist allerdings ausgelöst durch eine Gesetzgebungskommission, die es nicht verstand, die von ihr gewünschte Einredebeschränkung im Herausgabestreit in eine adäquate Form zu bringen. Statt unmittelbar eine auf das Prozeßrecht zielende Vorschrift zu bestimmen, hielt sie an der hergebrachten Form eines eigenen Anspruchs fest, der scheinbar kein Eigentum voraussetzt und so mittelbar die Einredebeschränkung bewirkt. Dieser Umweg ist aber nicht nötig[227]. Es widerspricht nicht der Absolutheit des Eigentums, wenn in einem Herausgabestreit dem Kläger inzident das Eigentum zugesprochen wird, ohne aufzuklären, ob es nicht doch eher einem Dritten zusteht[228]. Klagegrundlage des früheren Eigenbesitzers ist daher stets sein Eigentum.

Eine solche Einredebeschränkung, die um der Effektivität des geltend gemachten Rechtes willen ein möglicherweise entgegenstehendes Recht eines Dritten außer acht läßt, ist im geltenden Recht nichts Einmaliges. Nach § 100 Abs. 2 ZVG kann eine Beschwerde im Zwangsversteigerungsverfahren nicht auf einen Grund gestützt werden, der nur das Recht eines anderen betrifft. Die Vorschrift dient der raschen Klärung erhobener Einreden gegen die Ordnungsmäßigkeit der Zwangsversteigerung sowie der Funktionsfähigkeit des Verfahrens überhaupt[229]. Aber auch wenn nicht ausdrücklich eine Einredebeschränkung angeordnet ist, kann sie durch Auslegung gewonnen werden. So ist zum Beweis des Gegenteils der Vermutungen aus § 891 BGB nicht jedermann zugelassen, sondern nur, wer an der Widerlegung ein eigenes rechtliches Interesse hat[230]. Das allgemeine Interesse eines jeden Beklagten, die Klage zu Fall zu bringen, reicht nicht aus[231].

Im System des bürgerlichen Rechts wäre es sachlich angemessen, die Einredebeschränkung gegenüber dem früheren Eigenbesitzer in § 1006 BGB aufzu-

---

[227] In diese Richtung bereits *Pflüger*, o. bei N. 103.
[228] Vgl. dagegen *Johow*, S. 958 ff.: „Der Eigentümer mißt aber nicht sein Recht mit dem Rechte des Gegners, sondern stellt sich als Alleinberechtigter auf, nicht blos dem Gegner, sondern der ganzen Welt gegenüber."
[229] *Steiner/Storz*, § 100 Rz 1.
[230] RGZ 92, 70; BGH WM 1972, 386; MünchKomm/*Wacke*, § 891 Rz 17; Staudinger/*Gursky*, § 891 Rz 42.
[231] RG, Gruch Beitr 54 (1909), S. 1001.

IV. § 1007 BGB als den Eigentumsanspruch regelnde Vorschrift

nehmen. § 1006 BGB regelt die Behauptungs- und Beweislast im Eigentumsprozeß. Der den früheren Besitzer betreffende Abs. 2 wäre um die bisher in § 1007 BGB zum Ausdruck gekommene Einredebeschränkung zu erweitern. § 1006 Abs. 2 BGB könnte etwa lauten:

„Zugunsten eines früheren Besitzers wird vermutet, daß er während der Dauer seines Besitzes Eigentümer der Sache gewesen sei, es sei denn, er war bei Besitzerwerb bösgläubig. Dies gilt jedoch nicht, wenn der frühere Besitzer den Besitz aufgegeben hat und auch nicht einem Besitzer gegenüber, dem die Sache vor der Besitzzeit des früheren Besitzers gestohlen worden, verlorengegangen oder sonst abhandengekommen war. Im übrigen ist eine Widerlegung der für den früheren Besitzer sprechenden Vermutung unzulässig."

Der Fassungsvorschlag berücksichtigt mit dem Merkmal der Besitzaufgabe, daß die Geltendmachung rechtsvernichtender Einreden unbeschränkt zulässig sein soll. Der Ausschluß der Vermutung gegenüber einem Besitzer, dem die Sache vor der Besitzzeit des Klägers abhanden gekommen war, entspricht der gesetzlichen Wertung in den §§ 935 Abs. 2, 1006 Abs. 1 Satz 2 BGB. Ein solches Abhandenkommen spricht gegen einen späteren Eigentumserwerb, und da die Sache gerade dem Beklagten abhanden gekommen ist, muß er sich auch darauf berufen können. Dagegen ist die Zulässigkeit der Berufung auf eigenes Eigentum nicht ausdrücklich mehr erwähnt. Die Eigentumseinrede in § 1007 BGB geht auf die exceptio dominii gegenüber der actio Publiciana zurück. Der römische Richter konnte bei Vorliegen aller Voraussetzungen einer actio die Verurteilung eines Beklagten, der diese Voraussetzungen nicht bestreiten wollte oder konnte, nur vermeiden, wenn dem Beklagten ein Gegenrecht in Form einer exceptio zur Verfügung stand[232]. Dieses Aktionendenken ist im BGB überwunden. Das Eigentum des Beklagten ist entweder rechtshindernde oder rechtsvernichtende Einrede und findet als solche Beachtung. Der Fall des bösgläubigen Besitzerwerbs bedürfte an sich ebenfalls keiner besonderen Erwähnung. Der Nachweis der Bösgläubigkeit widerlegt ohnehin die für den früheren Besitzer sprechende Vermutung. Die Aufnahme dieses Merkmals ist lediglich notwendig, um alle nicht ausdrücklich zugelassenen Einreden insgesamt ausschließen zu können[233].

---

[232] *Windscheid*, § 47 N. 1, S. 203.

[233] Die Beschränkung für den Beklagten, rechtshindernde Einreden unter Heranziehung eines fremden Rechts nur insoweit erheben zu können, als er die Bösgläubigkeit des Klägers bei Besitzerwerb beweisen will, hindert nicht die Berücksichtigung einer mala fides superveniens des Klägers, wenn deren Voraussetzungen vom Kläger selbst vorgetragen oder im Prozeß unstreitig bzw. offenkundig werden. In einem solchen Fall kann der Kläger nicht mehr das Eigentum an der Sache für sich in Anspruch nehmen (vgl. für das römische Recht o. bei N. 42). Insofern war der Gedanke der Vorkommission des Reichsjustizamtes richtig, den Achilles mit seinem Antrag in der zweiten Kommission zunächst weiter verfolgte (s.o. bei N.120), daß bei einer auf den Eigenbesitzer beschränkten publizianischen Rechtsposition diese durch eine mala fides superveniens zerstört werden müsse. Die in § 1007 BGB Gesetz gewordene Vorschrift ermöglicht es hingegen auch dem früheren Fremdbesitzer, der eine Sache gutgläubig empfangen hatte, diese nach unfreiwilligem Besitzverlust herauszuverlangen. Kann schon der ursprüngliche Fremdbesitzer den Vindikationsanspruch geltend machen, so muß dies aber ebenso demjenigen zugebilligt werden, der eine Sache zunächst gutgläubig in Eigenbesitz genommen hatte, sie jedoch später we-

b) Die analoge Anwendung des § 1007 BGB bei Nießbrauch und Pfandrecht

Die §§ 1965, 1227 BGB ordnen die analoge Anwendung der Ansprüche aus dem Eigentum an. Es bestehen keine Bedenken, diese Verweisung unverändert zu belassen, da die Einbeziehung der Einredebeschränkung in § 1006 Abs. 2 BGB keine sachliche Änderung darstellt.

c) § 1007 BGB als Einräumung einer Prozeßführungsbefugnis für Fremdbesitzer

§ 1007 BGB gewährt seinem Wortlaut nach jedem obligatorisch oder auch nur vermeintlich obligatorisch berechtigten Fremdbesitzer einen eigenen dinglichen Anspruch, geradeso wie dem Eigentums-, Nießbrauchs- und Pfandrechtsprätendenten. Bereits beim Anspruch des früheren Eigenbesitzers haben wir aber gesehen, daß die Einräumung eines eigenen Anspruchs nichts weiter als eine historisch bedingte Form ist, um einen ganz anderen sachlichen Zweck zu verfolgen. Dieser Zweck stellte sich beim früheren Eigenbesitzer als Einredebeschränkung des beklagten Besitzers heraus. Es ist daher nicht abwegig zu vermuten, daß auch die Gewährung des dinglichen Herausgabeanspruchs an den obligatorischen Fremdbesitzer für die zweite Kommission nur Mittel zum Zweck war, ohne daß es ihr auf die dogmatische Angemessenheit der Regelung angekommen wäre.

Das von der zweiten Kommission verfolgte Ziel im Hinblick auf den obligatorisch berechtigten Fremdbesitzer war, ihm die Möglichkeit zu verschaffen, die Wiedereinräumung unfreiwillig verlorenen Besitzes von jedem Besitzer verlangen zu können. Die als Vorbild in Bezug genommene Regelung des preußischen ALR hatte dieses Ziel allerdings nicht auf materiell-rechtlichem Weg zu erreichen gesucht. Dem unvollständigen Besitzer und dem Inhaber war jeweils nur die Befugnis eingeräumt, das Recht ihres Oberbesitzers geltend zu machen. Diese Lösung spricht für einen prozessualen Weg durch Bestimmung einer gesetzlichen Prozeßführungsbefugnis.

---

gen mala fides superveniens nur noch unter Anerkennung des Eigentums eines anderen in Besitz nehmen kann. Entschließt sich der bösgläubig gewordene frühere Eigenbesitzer, den Vindikationsanspruch zu erheben, so kommt in Betracht, daß er dies im eigenen Interesse tut oder im Interesse des Eigentümers. Ein eigenes Interesse kann vorliegen, wenn der frühere Besitzer während der Zeit seiner Gutgläubigkeit ersatzfähige Verwendungen auf die Sache gemacht hat. In diesem Falle wird man ihm wegen des in § 1003 BGB pfandrechtsähnlich ausgestalteten Befriedigungsrechtes einen eigenen Herausgabeanspruch zubilligen müssen, auf den § 1007 BGB analoge Anwendung findet (vgl. im Text nachstehend b). Liegen die Voraussetzungen für einen eigenen Anspruch nicht vor, kann der Vindikationsanspruch des Eigentümers in Prozeßstandschaft geltend gemacht werden (vgl. im Text nachstehend c). Da es für das Verhältnis der Prozeßparteien unerheblich ist, aus welchem Grund § 1007 BGB anwendbar ist, wird es nicht angemessen sein, daß der Kläger entsprechende Nachweise erbringt.

In ähnlicher Weise hatte Johow in § 203 seines Vorentwurfs eine ausdrückliche Prozeßführungsbefugnis des Inhabers vorgesehen, wobei der Inhaber mit dem Fremdbesitzer nach heutiger Terminologie gleichzusetzen ist. Danach sollte der Inhaber die Herausgabe der Sache beanspruchen können unter Geltendmachung des Eigentums dessen, der ihm die Sache anvertraut hatte. Johow[234] rechtfertigte den Vorschlag mit dem praktischen Bedürfnisse, das eine solche Befugnis des Inhabers erfordere. Sie sei dem Eigentümer nur nützlich, weil sie die Verfolgung seines Rechts erleichtere. Folgen dieser Befugnis seien, daß der Beklagte durch Leistung an den klagenden Inhaber befreit werde und daß sich auch der Eigentümer auf das ergehende Urteil berufen könne. Dagegen könne sich der freigesprochene Besitzer gegenüber dem nicht zugezogenen Eigentümer nicht auf das Urteil berufen. Die erste Kommission[235] lehnte die vorgeschlagene Bestimmung ab. Sie war der Ansicht, daß der dem Inhaber zustehende Besitzschutz genüge, daß auch eine Dunkelheit bleibe, ob der Eigentümer oder der Inhaber als dominus litis zu denken sei, daß schließlich ein dominium litis des Eigentümers für diesen mit Gefahren und Unzuträglichkeiten verknüpft wäre. Nachdem nunmehr die zweite Kommission ein Bedürfnis für ein Klagerecht des Fremdbesitzers trotz des Besitzschutzes bejaht hat, bestünden gegen eine Deutung dieses Klagerechts als einer gesetzlichen Prozeßstandschaft in der Tat noch Bedenken, wenn die von der ersten Kommission befürchteten Gefahren und Unzuträglichkeiten für den Eigentümer aufträten. Diese können aber jedenfalls nach dem heutigen Stand der Prozeßrechtslehre ausgeschlossen werden.

Wird § 1007 BGB hinsichtlich des obligatorisch berechtigten Fremdbesitzers als Fall einer gesetzlichen Prozeßstandschaft aufgefaßt, so ist dem Besitzer wegen dessen eigenem rechtlichem Interesse am Besitz der Sache Prozeßführungsbefugnis eingeräumt, ohne sie dem Rechtsinhaber zu entziehen. Die dem prozeßführungsbefugten Besitzer eingeräumte materiell-rechtliche Verfügungsmacht ist darauf beschränkt, den zum Vermögen eines anderen Rechtsträgers gehörenden Anspruch geltend zu machen. Die Prozeßführungsbefugnis des Rechtsträgers selbst bleibt unberührt. Dann darf er aber durch ein Urteil, das gegenüber dem nur Prozeßführungsbefugten ergeht, nicht in seiner Rechtsverfolgung beeinträchtigt werden[236]. Ein die Klage abweisendes Urteil gegen den Prozeßführungsbefugten wirkt keine Rechtskraft gegenüber dem Rechtsträger[237]. Hat dagegen der Prozeßführungsbefugte auf Leistung an den Berechtigten geklagt und obsiegt, so wirkt das Urteil auch gegenüber dem Rechtsträger[238]. Der Gesichtspunkt, daß der Rechtsträger durch die Pro-

---

[234] Vorentwurf, S. 972.
[235] Protokolle I, S. 4242, bei *Jakobs/Schubert*, Sachenrecht, S. 868.
[236] *Rosenberg/Schwab*, § 46 V 2, S. 259.
[237] BGH NJW 81, 1097; *Rosenberg/Schwab*, § 46 V 3b, S. 260.
[238] *Rosenberg/Schwab*, § 46 V 3b, S. 260.

4. Der sachliche Inhalt des § 1007 BGB

zeßführung eines anderen keinen Schaden erleiden darf, trifft in diesem Fall nicht zu.

Für die Annahme einer gesetzlichen Prozeßstandschaft des obligatorischen Fremdbesitzes läßt sich aber noch mehr anführen als bloß der Umstand, daß ihr keine Bedenken entgegenstehen. Vielmehr enthält das BGB an anderer Stelle eine Regelung, die bereits bisher einhellig als ein Fall gesetzlicher Prozeßstandschaft für den Anspruch aus § 1007 BGB aufgefaßt wird. Dies wird der Verweisung in § 1011 BGB auf die Ansprüche aus dem Eigentum entnommen. Soweit § 1011 BGB die entsprechende Anwendung des § 1007 BGB anordne, gehe es lediglich um eine prozessuale Verbesserung der Rechtsstellung eines Miteigentümers[239]. Er werde gesetzlich ermächtigt, die Ansprüche aus dem Eigentum als Prozeßstandschafter insgesamt zu verfolgen[240].

Schließlich vermag nur ein dingliches Recht die mit § 1007 BGB angeordnete Beweiserleichterung zu rechtfertigen. Wie sich bereits oben[241] gezeigt hat, entspringt das publizianische Prinzip dem Gedanken des Verkehrsschutzes. Der redliche Erwerber soll sich nicht mit dem völlig nichtberechtigten Besitzer über sein Recht streiten müssen, wenn zumindest die klagebegründenden Tatsachen feststehen. Einen gutgläubigen Erwerb obligatorischer Besitzrechte gibt es nach dem BGB aber nicht. Der Nachweis eines gutgläubig erwerbbaren sonstigen dinglichen Rechts des Fremdbesitzers, der sich lediglich auf ein obligatorisches Besitzrecht beruft, ist nicht gelungen. Macht dagegen ein solcher Fremdbesitzer das dingliche Recht seines Oberbesitzers geltend, so ändert die Prozeßstandschaft nichts an der Rechtfertigung der Beweiserleichterung aus dem Gedanken des Verkehrsschutzes. Bei mehrfach gestuftem Fremdbesitz gilt dies für das höchtrangig geltend gemachte dingliche Recht.

Einer Rechtfertigung könnte damit allenfalls noch die Einräumung der Prozeßführungsbefugnis als solcher bedürfen. Sie kann sich jedoch auf von der zweiten Kommission[242] angeführte praktische Bedürfnisse berufen. Außerdem spricht dafür der Rechtsgedanke des § 986 Abs. 1 Satz 2 BGB. Solange das obligatorische Recht zum Besitz besteht, könnte der dinglich berechtigte Oberbesitzer grundsätzlich nur Herausgabe an den früheren unmittelbaren Besitzer verlangen. Zur Geltendmachung des Herausgabeanspruchs dürfte der Oberbesitzer in aller Regel schuldrechtlich verpflichtet sein. Dann verkürzt aber die gesetzliche Prozeßstandschaft den Weg zur endgültigen Besitzlage. Daß das obligatorische Besitzrecht nur gutgläubig angenommen werden muß, um die Prozeßstandschaft zu begründen, spricht nicht gegen deren Angemessenheit. Das Absehen vom wirklichen Bestand des obligatorischen Besitz-

---

[239] *Staudinger/Gursky*, § 1011 Rz 1.
[240] *Staudinger/Gursky*, § 1011 Rz 7.
[241] S.o. bei N. 173.
[242] Protokolle II, Bd. 3, S. 383.

rechts verhindert zum einen die Abweisung der Klage wegen Umständen aus einem Rechtsverhältnis, durch das der Beklagte nicht betroffen ist. Zum anderen kann sich eine Besitzberechtigung des Klägers gegenüber seinem Vorbesitzer bei einem gutgläubigen Besitzerwerb aufgrund eines Zurückbehaltungsrechtes ergeben.

Eine die Prozeßführungsbefugnis zum Ausdruck bringende Vorschrift könnte etwa lauten:

„Der frühere Besitzer kann die Ansprüche aus Eigentum, die einem anderen zustehen, im eigenen Namen geltend machen, wenn er zu diesem anderen in einem Verhältnis der in § 868 BGB bestimmten Art steht oder dies bei Besitzerwerb gutgläubig angenommen hat."

V. Ergebnis

§ 1007 BGB hat seine Wurzeln in der actio Publiciana des römischen Rechts. Während aber die actio Publiciana im antiken römischen Recht eingeführt worden war, um bestimmten Nichtberechtigten aus Billigkeitsgründen überhaupt ein Klagerecht zu geben, diente sie im gemeinen Recht daneben auch der erleichterten Durchsetzung des Eigentums und der beschränkten dinglichen Rechte im Prozeß. Die erste Kommission verschaffte dem Eigentümer und dem Inhaber eines beschränkten dinglichen Rechts durch die Zulassung des gutgläubigen Erwerbs dieser Rechte bereits materiell-rechtlich eine erhebliche Verbesserung ihrer Stellung, die sich auch prozessual auswirkte. Sie erkannte jedoch mit Recht, daß eine weitere Stärkung der prozessualen Position desjenigen geboten war, der aufgrund seines Eigentums oder eines zum Besitz berechtigenden beschränkten dinglichen Rechts eine bewegliche Sache vom Besitzer herausverlangte. Es würde bei völliger Nichtberechtigung des beklagten Besitzers zu großen Unzuträglichkeiten führen, wenn im Prozeß darüber verhandelt werden könnte, ob vielleicht eine dritte Person der wahre Berechtigte und um deswillen der Beweis des klägerischen Rechts als nicht erbracht anzusehen wäre.

Die von der ersten Kommission zur Befriedigung des zutreffend erkannten Bedürfnisses geschaffene publizianische Rechtsposition schoß über das Ziel hinaus. Sie hätte nicht nur den geschützt, der als gutgläubiger Erwerber auf den Bestand seines Rechts vertrauen durfte, sondern auch eine solche Person, die nicht gutgläubig im Sinne von § 932 BGB in den Besitz der Sache gekommen war. Denn nach § 945 Abs. 1 Entwurf I war nicht nur der Irrtum über das fehlende Eigentum des Veräußerers beachtlich, sondern jeder Irrtum über einen Umstand, durch welchen der Eigentumserwerb verhindert worden war. Es ist das Verdienst der zweiten Kommission, unter grundsätzlicher Wahrung des publizianischen Prinzips die den gutgläubigen Erwerber schützende Vorschrift in Einklang gebracht zu haben mit den Regeln des gutgläubigen Eigentumserwerbs bzw. des Erwerbs eines beschränkten dinglichen Rechts. Zugleich hat sie den publizianischen Gedanken über die hergebrachte Beschränkung auf den Eigenbesitzer bzw. den Besitzer aufgrund eines beschränkten dinglichen Rechts hinaus für den bloß obligatorisch berechtigten Besitzer fruchtbar gemacht.

Die von beiden Kommissionen beibehaltene Form des Schutzes des redlichen Erwerbers durch Gewährung eines besonderen Anspruchs, der das geltend gemachte Recht nicht voraussetzt, ist dem bürgerlichen Recht nicht angemessen. Tatsächlich handelt es sich dabei für den früheren Eigenbesitzer um eine Beschränkung der prozessualen Einreden des Beklagten. Dieser ist bei eigener völliger Nichtberechtigung gehindert, rechtshindernde Tatsachen in den Prozeß einzuführen, ausgenommen um die Bösgläubigkeit des Klägers bei Besitzerwerb zu beweisen. Dadurch werden im Prozeß nur die den Klageanspruch begründenden Tatsachen festgestellt. Diese Tatsachen erfüllen nicht nur die Voraussetzungen des § 1007 BGB, sondern zugleich die der §§ 985, 1006 Abs. 2 BGB. Anders als im römischen Recht ist es daher nicht mehr erforderlich, ein neben dem Eigentum bestehendes Recht anzunehmen, dem ein eigener materiell-rechtlicher Anspruch entstammt. Vielmehr ist die Klagegrundlage des früheren Eigenbesitzers stets das Eigentum, dessen erleichterte Durchsetzung in bestimmten Fällen die rein prozessual wirkende Einredebeschränkung des § 1007 BGB sichert. Entsprechendes gilt für denjenigen, der redlicherweise glaubt, einen Nießbrauch oder ein Pfandrecht an einer beweglichen Sache erworben zu haben.

Wer hingegen für sich ein obligatorisches Besitzrecht in Anspruch nimmt, kann aufgrund dieses lediglich relativ wirkenden Rechts nicht die Herausgabe der Sache von jedem Besitzer verlangen. Jedes obligatorische Besitzrecht geht aber letztlich auf ein absolut wirkendes Recht zurück. § 1007 BGB enthält für den Prätendenten eines obligatorischen Besitzrechts eine gesetzliche Prozeßstandschaft zur Geltendmachung des absoluten Besitzrechts des Oberbesitzers.

VI. Folgerungen

Aus dem hier entwickelten Verständnis des § 1007 BGB ergeben sich Folgerungen für die Anwendung der Vorschrift. Ihr Charakter de lege lata als materiell-rechtliche Anspruchsgrundlage läßt sich durch Auslegung nicht ändern. Doch ist es möglich, der mit § 1007 BGB bezweckten erleichterten Durchsetzung eines behaupteten Rechts gegenüber einem völlig Nichtberechtigten bereits jetzt Geltung zu verschaffen. Dazu ist es allerdings erforderlich, die bisherige Auslegung der einzelnen Tatbestandsmerkmale zu überdenken.

1. Der von der zweiten Kommission angenommene Antrag Jacubezky[243] hatte das Merkmal des guten Glaubens noch mit dem in Klammern gesetzten Zusatz erläutert: d.h. den Mangel des Rechtes zum Besitz gekannt hat oder nur infolge grober Fahrlässigkeit nicht gekannt hat. Bezugspunkt des guten Glaubens ist damit nicht allein das Eigentum des Veräußerers wie bei § 932 BGB. Dabei ist jedoch zwischen dem Eigenbesitzer und dem Fremdbesitzer zu unterscheiden.

Der Eigenbesitzer ist gutgläubig, wenn er beim Besitzerwerb ohne grobe Fahrlässigkeit angenommen hat, Eigentümer der Sache zu sein oder es durch die Besitzerlangung zu werden. Insoweit wird auch der gute Glaube an das Eigentum des Veräußerers erheblich[244]. Ohne Irrtum über das Eigentum ist die Berufung auf § 1007 BGB ausgeschlossen. Unerheblich ist dagegen, ob der Eigentumserwerb neben dem fehlenden Eigentum des Veräußerers noch aus weiteren Gründen gescheitert wäre[245], etwa weil dem Veräußerer die Geschäftsfähigkeit oder Verfügungsbefugnis fehlte. Diese Fälle des redlichen Erwerbs sind im äußeren Tatbestand denen gleich, in denen nur das Eigentum des Veräußerers fehlt. Eine Unterscheidung wäre nur bei völliger Sachaufklärung möglich, die § 1007 BGB gerade vermeiden will. Ein rechtlicher Nachteil entsteht dadurch für niemanden. Der Beklagte kann den zusätzlichen Mangel in den Prozeß einführen, wenn er daraus ein Recht für sich ableiten kann. Das Recht des Dritten bleibt unberührt, weil das gegen den Beklagten ergehende Urteil gegen ihn als Unbeteiligten keine Rechtskraft wirkt. Guter Glaube des Eigenbesitzers setzt demnach stets dessen Vorstellung voraus, sein Veräußerer sei Eigentümer. Unschädlich sind daneben bestehende weite-

---

[243] *Jakobs/Schubert*, Sachenrecht, S. 874.
[244] *Staudinger/Gursky*, § 990 Rz 8; *Löwisch*, S. 28 m.w.N. in N. 23; RGRK/*Pikart*, § 990 Rz 13.
[245] *Staudinger/Gursky*, § 990 Rz 8.

VI. Folgerungen

re Mängel wie die der fehlenden Geschäftsfähigkeit oder Verfügungsbefugnis, sofern der Erwerber sie nicht kannte und auch nicht in grob fahrlässiger Weise in Unkenntnis darüber war.

Bei den Fremdbesitzern ist nochmals zwischen Nießbraucher und Pfandgläubiger einerseits und den obligatorisch berechtigten oder vermeintlich berechtigten Besitzern andererseits zu differenzieren. Gutgläubiger Erwerb des Nießbrauchs nach § 1032 BGB und gutgläubiger Erwerb des Pfandrechts nach § 1207 BGB verweisen jeweils auf § 932 BGB. Damit wird der Irrtum des Erwerbers des beschränkten dinglichen Rechts über das Eigentum des Bestellers vorausgesetzt. Die Regeln über den guten Glauben des Eigenbesitzers gelten entsprechend. Eine andere Frage[246] ist es, ob im Rahmen des Eigentümer—Besitzer—Verhältnisses bei Nichtbestehen des beschränkten dinglichen Rechts unter Umständen noch als gutgläubig angesehen werden kann, wer aufgrund eines unbeachtlichen Irrtums den Besitz ergriffen hatte. Jedenfalls kann er sich nicht auf § 1007 BGB berufen.

Der obligatorisch berechtigte Fremdbesitzer ist bei Wirksamkeit seines Besitzmittlungsverhältnisses gutgläubig, wenn er glaubt, ein gerade gegenüber dem Eigentümer bestehendes relatives Recht zum Besitz zu haben. Leitet der Fremdbesitzer sein Besitzrecht nicht unmittelbar vom Eigentümer ab, kann es ausreichen, daß er annimmt, sein Oberbesitzer sei dem Eigentümer gegenüber besitz- und überlassungsberechtigt[247]. Ist das vom Fremdbesitzer angenommene Besitzmittlungsverhältnis nicht wirksam, liegt Gutgläubigkeit bei ihm nur vor, wenn er die Unwirksamkeit nicht kannte und die Unkenntnis nicht grob fahrlässig verschuldet war[248]. Die Gegenauffassung[249] ist abzulehnen, weil sonst nicht einmal in der Vorstellung des Besitzers eine Rechtsbeziehung bestünde, die die gesetzliche Prozeßstandschaft rechtfertigen könnte.

2. Zu Recht stellt § 1007 BGB ausschließlich auf die Vorstellung des Erwerbers bei Besitzerlangung ab. § 1007 BGB erleichtert die prozessuale Durchsetzung eines behaupteten materiellen Rechts. Dieses Recht wurde entweder mit Besitzerlangung erworben oder nicht. Spätere subjektive Vorstellungen des Erwerbers sind ohne Belang. Der von der Vorkommission des Reichsjustizamtes gemachte Vorschlag, daß nachträgliche Kenntnis vom Recht eines Dritten schaden solle, war sachlich nicht gerechtfertigt.

3. Der Besitzer ist nach § 1007 Abs. 3 Satz 2 BGB in Verbindung mit §§ 987 ff. BGB zur Herausgabe der Nutzungen verpflichtet. Soweit danach die Herausgabe von Sachfrüchten geschuldet ist, soll der Anspruch immer nur auf Übertragung des Besitzes und nicht des Eigentums gemeint sein, selbst

---

[246] Vgl. *Staudinger/Gursky*, § 990 Rz 9.
[247] *Staudinger/Gursky*, § 990 Rz 9; MünchKomm/*Medicus*, § 986 Rz 4.
[248] *Staudinger/Gursky*, § 990 Rz 9.
[249] *Planck/Brodmann*, § 990 Anm. 2 a ß; RGRK/*Pikart*, § 990 Rz 13.

VI. Folgerungen

wenn dies der Besitzer nach § 955 BGB erworben hat[250]. Nach der hier vertretenen Ansicht hat der Besitzer, der Eigentümer von Sachfrüchten geworden ist, das Eigentum zu übertragen, wenn der frühere Eigenbesitzer Herausgabe fordert. Denn mit seiner Klage macht er sein Eigentum geltend. Entsprechendes gilt für den, der mit § 1007 BGB seinen Nießbrauch geltend macht. Ihm gebühren im Verhältnis zum Eigentümer die Nutzungen der Sache. Wird mit § 1007 BGB ein Pfandrecht geltend gemacht, ist entscheidend, ob dem Pfandgläubiger nach § 1213 BGB die Nutzungen zustehen. Soweit dies nicht der Fall ist, kann er weder ihren Besitz noch das Eigentum an ihnen fordern. Der obligatorisch berechtigte Fremdbesitzer kann nur soviel verlangen, wie seinem Oberbesitzer nach dessen behauptetem Recht zustünde.

4. Als Schadensersatz soll nach überwiegender Meinung[251] nur das Besitzinteresse nach §§ 1007 Abs. 3 Satz 2 BGB in Verbindung mit 989 f. BGB ersetzt werden können. Dient § 1007 BGB jedoch nur der erleichterten Durchsetzung eines behaupteten Rechts, so muß sich der Schadensersatzanspruch am Inhalt dieses Rechts orientieren. Die Behandlung des früheren Besitzers so, als ob das bei Besitzerwerb angenommene Besitzrecht wirklich bestünde, ist die konsequente Übertragung der für den Herausgabeanspruch bestimmten Rechtsfolge auf den ihn ablösenden Schadensersatzanspruch[252]. Könnte der Beklagte einwenden, der Schadensersatzanspruch stehe einem Dritte zu, liefe das auf die Zulassung der sog. exceptio ex iure tertii hinaus.

5. Die Gegenansprüche des Herausgabeschuldners wegen seiner Verwendungen richten sich nach §§ 1007 Abs. 3 Satz 2 BGB in Verbindung mit 994 ff. BGB. Die Miterwähnung des § 998 BGB beruht dabei auf einem offensichtlichen Redaktionsversehen, weil die Vorschrift nur Grundstücke betrifft[253].

6. Ist Klagegrundlage bei § 1007 BGB das Eigentum bzw. in analoger Anwendung gemäß §§ 1065, 1227 BGB der Nießbrauch oder das Pfandrecht, so muß sich auch die Rechtskraft eines Urteils auf das geltende gemachte Recht erstrecken. Gleichgültig ist dabei, ob der Kläger sich außer auf § 1007 BGB ausdrücklich auch auf § 985 BGB gestützt hat. Die herrschende Meinung[254] kommt nur deshalb zu einem anderen Ergebnis, weil sie in § 1007 BGB nicht stets die Geltendmachung eines Rechts zum Besitz sieht.

7. Von der Verweisung auf die Vorschriften über den Eigentumsanspruch in § 1007 Abs. 3 Satz 2 BGB sind die §§ 1004–1006 BGB ausgenommen.

---

[250] *Staudinger/Gursky*, § 1007 Rz 30; *Wolff/Raiser*, S. 73; MünchKomm/*Medicus*, § 1007 Rz 12; abw. *Westermann*, S. 174.
[251] RG, WarnRechtspr. 1929 Nr. 181; *Westermann*, S. 174; *Wolff/Raiser*, S. 73; *Soergel/Mühl*, § 1007 Rz 7; RGRK/*Pikart*, § 1007 Rz 32.
[252] *Medicus*, AcP 165 (1965), 142. Unklar insoweit ders. im MünchKomm, § 1007 Rz 11.
[253] *Staudinger/Gursky*, § 1007 Rz 29.
[254] *Staudinger/Gursky*, § 1007 Rz 34.

VI. Folgerungen

Hinsichtlich des § 1006 BGB wurde bereits die enge Beziehung der Vorschriften zu § 1007 BGB untersucht und ihr gegenseitiges Verhältnis dargestellt. Was § 1004 BGB betrifft, so hatte § 945 Entwurf I eine ausdrückliche Verweisung auf den negatorischen Anspruch enthalten. Die erste Kommission[255] hatte dies damit begründet, daß darin nur eine notwendige Konsequenz der Zulassung der Negatorienklage bei beweglichen Sachen überhaupt und des für die Eigentumsansprüche befolgten Systems liege. Für die Weglassung der Verweisung auf die Negatorienklage in den Anträgen zum publizianischen Prinzip in der zweiten Kommission gibt es in den Gesetzesmaterialien[256] keinen Anhaltspunkt. Es spricht nichts dagegen und liegt auch in der Konsequenz der Regelung des Eigentumsanspruchs nach BGB, die Verweisung in § 1007 Abs. 3 Satz 2 BGB auf § 1004 BGB auszudehnen. Gleiches gilt für § 1005 BGB.

8. Der BGH[257] hat entschieden, § 1007 BGB sei entgegen seinem Wortlaut auch dann auf Wohn- und Geschäftsräume anwendbar, wenn sie Teile einer unbeweglichen Sache seien. Diese Ansicht fußt auf der Annahme, bei § 1007 BGB handele es sich um eine Besitzklage, die deshalb auf bewegliche Sachen beschränkt sei, weil der Gesetzgeber angenommen habe, daß bei Grundstücken die Klage aus § 861 BGB einen ausreichenden Besitzschutz gewähre. Erweise sich diese Prognose als unzutreffend, bestehe ein praktisches Bedürfnis, dem geschädigten Besitzer die Klage aus § 1007 BGB auch bei Grundstücken zu geben.

Die Entscheidung des BGH ist in der Literatur[258] ganz überwiegend auf Ablehnung gestoßen. Sie ist in der Tat nicht haltbar. Wie nachgewiesen wurde, gründen sich die Ansprüche aus § 1007 BGB auf das Eigentum an der Sache. Für eine Analogie zu den Besitzklagen fehlt damit jegliche Grundlage. Für die Verfolgung des Eigentums an Grundstücken hielt die erste Kommission[259] — insoweit unbeanstandet durch die zweite Kommission — die von ihr beschlossenen Eigentumsvermutungen für ausreichend, die im § 891 BGB Gesetz wurden. Auch der BGH hat kein Bedürfnis für eine Stärkung des Eigentumsschutzes bei Grundstücken dargetan. Eine analoge Anwendung des § 1007 BGB auf Grundstücke scheidet daher aus.

---

[255] Protokolle I, S. 4269, bei *Jakobs/Schubert*, Sachenrecht, S. 858.
[256] *Jakobs/Schubert*, Sachenrecht, S. 870 ff.
[257] BGHZ 7, 208, 215 ff.; zustimmend RGRK/*Pikart*, § 1007 Rz 5.
[258] *Staudinger/Gursky*, § 1007 Rz 5 m.w.N.
[259] S.o. bei N. 16.

Literaturverzeichnis

Arndts, Ludwig: Lehrbuch der Pandekten, 14. Aufl., Stuttgart 1889.
Bähr, Otto: Zur Besitzlehre, Jherings Jahrbücher für Dogmatik, 26 (1888), S. 224.
Baron, J.: Pandekten, 9. Aufl., Leipzig 1896.
Baumbach, Adolf/*Lauterbach*, Wolfgang/*Albers*, Jan/*Hartmann*, Peter: Zivilprozeßordnung, 45. Aufl., München 1987.
Baur, Fritz: Lehrbuch des Sachenrechts, 13. Aufl., München 1985.
Beck, Otto: Das Verhältnis des § 985 zum § 1007 BGB bei der Verfolgung beweglicher Sachen, Heidelberg 1908.
Biedermann, August: Der Herausgabeanspruch des früheren Besitzers nach § 1007 BGB, Straßburg 1911.
Böcking, Eduard: Pandekten des römischen Privatrechts, 2. Band, 1. Lieferung, Leipzig 1855.
Boehmer, Gustav: Einführung in das bürgerliche Recht, 2. Aufl., Tübingen 1965.
Bornemann, W.: Systematische Darstellung des Preußischen Civilrechts, 1. und 2. Band, 2. Aufl., Berlin 1842.
Brinz, Alois: Lehrbuch der Pandekten, 1. Band, 2. Aufl., Erlangen 1873.
Bruns, Carl Georg: Der ältere Besitz und das Possessorium ordinarium, Jahrbuch des gemeinen deutschen Rechts, Band 4, S. 1.
Bruns, Rudolf: Die preußische Besitzrechtsklage gegenüber der actio Publiciana, Göttingen 1891.
Bülow: Civilprozessuale Fiktionen und Wahrheiten, AcP 62 (1879), S. 1.
Buhl, Heinrich: Das Recht der beweglichen Sachen nach dem Bürgerlichen Gesetzbuche, Berlin 1901.
Canaris, Claus-Wilhelm: Die Verdinglichung obligatorischer Rechte, Festschrift für Werner Flume zum 70. Geburtstag, 1. Band, Köln 1978.
Cosack, Konrad/*Mitteis*, Heinrich: Lehrbuch des Bürgerlichen Rechts, 2. Band, 7./8. Aufl., Jena 1924.
Crome, Carl: System des Deutschen Bürgerlichen Rechts, 3. Band, Tübingen 1905.
Cuypers, Paul: Zum Problem des § 1007 BGB, Rostock 1908.
Delbrück, Berthold: Die dingliche Klage des deutschen Rechts, Leipzig 1857.
Demelius, Gustav: Die Rechtsfiktion in ihrer geschichtlichen und dogmatischen Bedeutung, Weimar 1858.
Denkschrift zum Entwurf eines Bürgerlichen Gesetzbuchs, Berlin 1896.
Dernburg, Heinrich: Pandekten, 1. Band, Allgemeiner Teil und Sachenrecht, 7. Aufl., Berlin 1902.
— Das Sachenrecht des Deutschen Reiches und Preußens, 3. Aufl., Halle 1904.
— Lehrbuch des Preußischen Privatrechts und der Privatrechtsnormen des Reichs, Band 1, 5. Aufl., Halle 1894.

Deurer, Wilhelm: Über den Schutz des relativ-bessern Rechts nach römischen Grundsätzen, Jherings Jahrbücher für Dogmatik 1 (1857), 221.

Diederichsen, Uwe: Das Recht zum Besitz aus Schuldverhältnissen, Hamburg 1965.

Dulckeit, Gerhard: Die Verdinglichung obligatorischer Rechte, Tübingen 1951.

Effertz, Friedrich: Der Anspruch aus § 1007 BGB in seinem Verhältnis zu dem Eigentumsanspruch (§ 985 BGB) und zu dem Anspruch wegen Besitzentziehung (§ 861 BGB), Heidelberg 1907.

Eichler, Herrmann: Institutionen des Sachenrechts, 2. Band, 2. Halbband, Berlin 1960.

Endemann, F.: Lehrbuch des Bürgerlichen Rechts, 2. Band, 8./9. Aufl., Berlin 1905.

Erman, Walter: Handkommentar zum Bürgerlichen Gesetzbuch, 2. Band, 7. Aufl., Münster 1981.

Feustel, Carl: Der Anspruch aus § 1007 des Bürgerlichen Gesetzbuches verglichen mit den Klaggebilden des früheren Rechts, Jena 1900.

Förster, Franz/*Eccius*, M.E.: Preußisches Privatrecht, 3. Band, 7. Aufl., Berlin 1896.

Frank, Heinrich: Vergleich der actio Publiciana mit der Klage aus § 1007 des bürgerlichen Gesetzbuches, Freiburg 1903.

Frerichs, Walter: Die Bedeutung des § 1007 im Verhältnis zu den Ansprüchen aus §§ 861, 985, 812 ff., 823 ff., Halle 1934.

Gaede, Hans-Eberhard: Die Konkurrenz der Besitz- und Eigentumsansprüche im Bürgerlichen Gesetzbuch, Greifswald 1922.

Gerber, C.F. von: System des Deutschen Privatrechts, 17. Aufl., Jena 1895.

Gesterding, F.C.: Ausführliche Darstellung der Lehre vom Eigenthum und solchen Rechten, die ihm nahe kommen, Greifswald 1817.

Gierke, Julius von: Das Sachenrecht des bürgerlichen Rechts, 4. Aufl., Berlin, Frankfurt/a.M. 1959.

Gierke, Otto von: Die Bedeutung des Fahrnisbesitzes für streitiges Recht nach dem Bürgerlichen Gesetzbuch für das Deutsche Reich, Jena 1897.

— Deutsches Privatrecht, Band 2, Sachenrecht, Leipzig 1905.

Giese, Wilhelm: Besitzrechtsschutz im Bürgerlichen Gesetzbuch und actio im rem Publiciana, Berlin 1901.

Glasenapp: Die Begründung der Interventionsklage auf Herausgabe abgepfändeter Mobilien, Gruchots Beiträge, Band 24, S. 245.

Glück, D. Christian Friedrich: Ausführliche Erläuterung der Pandecten nach Hellfeld, 8. Theil, 1. Abtheilung, Erlangen 1807.

Göschen, Johann Friedrich Ludwig: Vorlesungen über das gemeine Civilrecht, 2. Band, 2. unveränderte Aufl., Göttingen 1843.

Goldmann, Ernst Selmar: Publicianischer Schutz im römischen und im preußischen Recht, Berlin 1897.

Goldstein, Erwin: Wird durch ein Urteil aus § 1007 BGB eine Rechtskraftwirkung hinsichtlich des Eigentums für spätere Eigentumsklagen insbesondere für die Negatorienklage (§ 1004 BGB) erzielt? Erlangen 1908.

Hartmann, Gustav: Rechte an eigener Sache, Freiburg 1877.

Heck, Philipp: Grundriß des Sachenrechts, Tübingen 1930.

Hedemann, Justus Wilhelm: Sachenrecht des Bürgerlichen Gesetzbuchs, 3. Aufl., Berlin 1960.

Hellwig, Konrad: Wesen und subjektive Begrenzung der Rechtskraft, Leipzig 1901.

Henle, Rudolf: Das Recht auf Besitz (§ 1007 BGB), Mecklenburgische Zeitschrift für Rechtspflege, Rechtswissenschaft, Verwaltung, Band 44 (1928), 259 ff., 318 ff.

Heusler, Andreas: Institutionen des Deutschen Privatrechts, 2. Band, Leipzig 1886.

— Die Gewere, Weimar 1872.

Hörer, Bernd: Die Besitzrechtsklage — Klagegrundlage und Praktikabilität, Berlin 1974.

Huber, Eugen: Die Bedeutung der Gewere im Deutschen Sachenrecht, Bern 1894.

Huschke, Eduard: Das Recht der Publicianischen Klage in Beziehung auf das in Aussicht stehende allgemeine Deutsche Civilgesetzbuch, Stuttgart 1874.

Jakobs, Horst Heinrich/*Schubert*, Werner: Die Beratung des Bürgerlichen Gesetzbuchs in systematischer Zusammenstellung der unveröffentlichten Quellen.

— Materialien zur Entstehungsgeschichte des BGB — Einführung, Biographien, Materialien —, Berlin, New York 1978.

— Sachenrecht I, §§ 854—1017, Berlin, New York 1985.

Janiszewski, Kasimir: Schutz des früheren Besitzes aufgrund der §§ 861 und 1007 des BGB in vergleichender Darstellung, Jena 1905.

Janssen, Kurd: Über das Verhältnis der Besitzklage aus § 861 BGB zu der Klage aus § 1007 BGB, Leipzig 1904.

Jauernig, Othmar: Bürgerliches Gesetzbuch, 4. Aufl., München 1987.

Jess, Carl: Zur Lehre von der Publiciana in rem actio, Jherings Jahrbücher für Dogmatik 14 (1875), S. 207.

Jhering, Rudolph von: Geist des römischen Rechts auf den verschiedenen Stufen seiner Entwicklung, 3. Theil, 1. Abtheilung, 4. Aufl., Leipzig 1888.

— Abhandlungen aus dem römischen Recht, Leipzig 1844.

Johow, Reinhold: Entwurf eines bürgerlichen Gesetzbuches für das Deutsche Reich. Sachenrecht, Berlin 1880.

Unveränderter photomechanischer Nachdruck, hrsg. von Werner Schubert, Die Vorlaben der Redaktoren für die erste Kommission zur Ausarbeitung des Entwurfs eines Bürgerlichen Gesetzbuches, Sachenrecht, Teil 1, Berlin, New York 1982.

Kaser, Max: Das römische Privatrecht, 1. Abschnitt, 2. Aufl., München 1971.

Keller, Friedrich Ludwig von: Pandecten, 1. Band, 2. Aufl., Leipzig 1866.

Koch, Carl Friedrich: Die Lehre vom Besitz nach Preußischem Recht, 2. Aufl., Breslau 1839.

Koch, Peter: § 1007 BGB: Neues Verständnis auf der Grundlage alten Rechts, Köln, Wien 1986.

Kochs Kommentar: Allgemeines Landrecht für die Preußischen Staaten, 8. Aufl., Berlin, Leipzig 1884.

Kretschmar, Ferdinand: Das Sachenrecht des Bürgerlichen Gesetzbuchs, Leipzig 1906.

Kritz, Paul Ludolf: Darstellung praktischer Materien des Römischen Rechts, 1. Band, Dresden, Leipzig 1831.

Krohn, Hugo: Vergleichung der gemeinrechtlichen actio Publiciana und der Ansprüche aus den §§ 1006 und 1007 des Bürgerlichen Gesetzbuchs, Greifswald 1904.

Krückmann, Paul: Institutionen des Bürgerlichen Gesetzbuchs, 5. Aufl., Berlin 1929.

Kuhlenbeck, Ludwig: Das Bürgerliche Gesetzbuch für das Deutsche Reich nebst dem Einführungsgesetze, 2. Band, 2. Aufl., Berlin 1903.

Laband, Paul: Die vermögensrechtlichen Klagen nach den sächsischen Rechtsquellen des Mittelalters, Königsberg 1869.

Lange, Richard: Ein Vergleich der Herausgabeansprüche des Eigentümers einer beweglichen Sache aus § 985 (1006) BGB und des früheren Besitzers aus § 1007 BGB, Borna-Leipzig 1909.

Liebe, Viktor von: Sachenrechtliche Erörterungen zu dem Entwurfe eines bürgerlichen Gesetzbuches für das Deutsche Reich, Leipzig 1891.

Löw von und zu Steinfurth, Karl: Die Actio Publiciana und die Klage aus § 1007 des B.G.B., Marburg 1904.

Löwisch, Gottfried: Die Zufallshaftung im Eigentümer-Besitzer-Verhältnis unter besonderer Berücksichtigung der Haftung aus Verzug, Münster 1968.

Loos, August: Der Herausgabeanspruch des früheren Besitzers, Breslau 1905.

Lorey, Hanns: Der Anspruch aus früherem Besitze nach § 1007 BGB, Jena 1910.

Ludolph, Wendelin: Der Anspruch aus § 1007 des Bürgerlichen Gesetzbuches, Göttingen 1930.

Matthiae, Hans Armin: Streitfragen zu § 1007 BGB, Marburg 1933.

Matthiass, Bernhard: Lehrbuch des Bürgerlichen Rechtes, 2. Band, 4. Aufl., Berlin 1900.

Mattil, Julius: Actio Publiciana und Anspruch aus § 1007 des Bürgerlichen Gesetzbuchs, Heidelberg 1908.

Medicus, Dieter: Besitzschutz durch Ansprüche auf Schadensersatz, AcP 165 (1965), S. 116.

Meyer: Über das Verhältniß der rei vindicatio zur actio Publiciana, AcP 79 (1892), 446.

— Über den dem Vindikanten obliegenden Beweis, AcP 77 (1891), 164.

Meyer, Curt: Die Rechtskraft bei der Klage aus älterem Besitz (§ 1007 BGB) gegenüber dem Eigentümer, Breslau 1916.

Michel, Otto: Über das Verhältnis der Klage aus Bürgerl. Gesetzbuch § 1007 zu der Klage aus Bürgerl. Gesetzbuch § 861, Rostock 1904.

Miethke, Paul: Wesen und Umfang der Klage des § 1007 des Bürgerlichen Gesetzbuchs für das Deutsche Reich (unter Ausschluß des Inhalts der Klage), Berlin 1900.

Mitteis, Heinrich/*Lieberich,* Heinz: Deutsches Privatrecht, 9. Aufl., München 1981.

Motive zu dem Entwurfe eines Bürgerlichen Gesetzbuches für das Deutsche Reich, 3. Band, Berlin, Leipzig 1888.

Mühlenbruch, C.F.: Lehrbuch des Pandecten-Rechts, 2. Theil, 4. Aufl., Halle 1844.

Müller, Hans: Die Klage aus dem früheren Besitz nach dem Bürgerlichen Gesetzbuch für das deutsche Reich unter Berücksichtigung ihrer historischen Entwicklung, Jena 1900.

Münchener Kommentar zum Bürgerlichen Gesetzbuch, 4. Band, 2. Aufl., München 1986.

Musielak, Hans-Joachim: Die Grundlagen der Beweislast im Zivilprozeß, Berlin 1975.

Neikes, Hans: Die Klage aus § 1007 des Bürgerlichen Gesetzbuchs und ihre Grundlagen unter besonderer Berücksichtigung der actio Publiciana, Bonn 1903.

Neumann, Karl: Der Anspruch des § 1007 des Bürgerlichen Gesetzbuchs (Die Fahrnisverfolgungsklage), Göttingen 1907.

Oertmann, Paul: Rezension zu Henle, Das Recht auf Besitz, JW 1929, 570.

— Das Problem der relativen Rechtszuständigkeit, Jherings Jahrbücher für Dogmatik 66 (1916), 130.

Pagenstecher, E.: Die römische Lehre vom Eigenthum in ihrer modernen Anwendbarkeit, 3. Abtheilung: Rechtsschutz des Eigenthums, Heidelberg 1859.

Peipers, August: Die Besitzrechtsklage nach § 1007 BGB gegenüber der actio Publiciana des römischen und gemeinen Rechts, Rostock 1902.

Pflüger, H.H.: Über das Verhältnis von rei vindicatio und actio Publiciana, AcP 78 (1892), 311.
- Über die probatio diabolica, AcP 77 (1891), 16.
- Die Verfolgung beweglicher Sachen nach dem Entwurf des bürgerlichen Gesetzbuchs, Jherings Jahrbücher für Dogmatik 35 (1896), 451.

Planck, Gottlieb: Kommentar zum Bürgerlichen Gesetzbuch, 3. Band, 1. Hälfte, 5. Aufl., Berlin, Leipzig 1933.

Protokolle der Kommission für die zweite Lesung des Entwurfs des Bürgerlichen Gesetzbuchs, 3. Band, Berlin 1899.

Prütting, Hans: Gegenwartsprobleme der Beweislast, München 1983.

Puchta, F.G.: Pandekten, 12. Aufl., Leipzig 1877.

Rappaport, Achill: Die Einrede aus dem fremden Rechtsverhältnis, Berlin 1904.

Reichsgerichtsräte Kommentar (RGRK): Das bürgerliche Gesetzbuch, 3. Band, 1. Teil, 12. Aufl., Berlin, New York 1979.

Rhode, Ernst: Studien im Besitzrecht, 22. Abschnitt, Schutz des Besitzes, Marburg 1913.

Rosenberg, Leo: Die Beweislast, 5. Aufl., München, Berlin 1965.

Rosenberg, Leo/*Schwab*, Karl Heinz: Zivilprozeßrecht, 14. Aufl., München 1986.

Savigny, Friedrich Carl von: Das Recht des Besitzes, 7. Aufl., Wien 1865.
- Vom Beruf unserer Zeit für Gesetzgebung und Wissenschaft, 3. Aufl., Heidelberg 1840.
- System des heutigen Römischen Rechts, 1. Band, Berlin 1840, 3. Band, Berlin 1840, 5. Band, Berlin 1841.
- Das Obligationenrecht als Theil des heutigen Römischen Rechts, 2. Band, Berlin 1853.

Schalburg, Robert von: Wie verhalten sich §§ 556 Abs. 3 und 604 Abs. 4 zu § 1007 BGB? Rostock 1929.

Scherer, Wilhelm: Unterschiede zwischen der actio Publiciana und der Klage aus § 1007 des Bürgerlichen Gesetzbuchs, Erlangen 1904.

Scheurl, Adolf: Beiträge zur Bearbeitung des Römischen Rechts, 1. Band, Erlangen 1853.

Schimanski, Franz: Die Ansprüche aus früherem Besitze, Greifswald 1903.

Schmid, Andreas Christian Johannes: Handbuch des gegenwärtig geltenden gemeinen deutschen bürgerlichen Rechts, Besonderer Theil, 1. Band, Leipzig 1847.

Schulin, Friedrich: Über einige Anwendungsfälle der Publiciana in rem actio, Marburg 1873.

Schwab, Karl Heinz: Sachenrecht, 20. Aufl., München 1985.

Schwartz, Hubertus: Über das Verhältnis der Ansprüche aus §§ 861, 1007, 985 zu einander, Heidelberg 1905.

Sintenis, Carl Friedrich Ferdinand: Das practische gemeine Civilrecht, 1. Band, 3. Aufl., Leipzig 1868.

Seuffert, Johann Adam: Praktisches Pandektenrecht, 1. Band, 4. Aufl., Würzburg 1860.

Soergel, Hans Theodor/*Siebert*, Wolfgang: Bürgerliches Gesetzbuch, 5. Band, 11. Aufl., Stuttgart, Berlin, Köln, Mainz 1978.

Staudinger, J. von: Kommentar zum Bürgerlichen Gesetzbuch, 12. Aufl., 3. Buch, Sachenrecht, Einleitung zu § 854; §§ 889–893, Berlin 1986; §§ 854–872; 907–924, Berlin 1982; §§ 985–1003, Berlin 1980; §§ 1004–1011, Berlin 1982.

Steiner, Anton: Zwangsversteigerung und Zwangsverwaltung, Band 1, 9. Aufl., München 1984.

Stobbe, Otto/*Lehmann*, H.O.: Handbuch des Deutschen Privatrechts, 2. Band, 1. Halbband, 3. Aufl., Berlin 1896.

Thibaut, Anton Friedrich: System des Pandecten-Rechts, 1. Band, 9. Aufl., Jena 1846.

— Ueber den Beweis der Eigenthumsklage, AcP 6 (1823), S. 311.

Tuhr, Andreas von: Der Allgemeine Teil des Deutschen Bürgerlichen Rechts, 1. Band, Berlin 1957. Unveränderter Nachdruck der 1910 erschienenen 1. Aufl.

Tigerström, Friedrich Wilhelm: Die bonae fidei possessio oder das Recht des Besitzes, Berlin 1836.

Unger, Joseph: System des österreichischen allgemeinen Privatrechts, Band 2, 4. Aufl., Leipzig 1876.

— Die Verträge zu Gunsten Dritter, Jherings Jahrbücher für Dogmatik 10 (1871), S. 1.

Valett, Carl Julius Meno: Ausführliches Lehrbuch des praktischen Pandecten-Rechtes, 1. Band, Leipzig 1828.

Vangerow, Karl Adolph: Lehrbuch der Pandekten, 1. Band, 7. Aufl., Marburg, Leipzig 1863.

Vering, Friedrich H.: Geschichte und Pandekten des römischen und heutigen gemeinen Privatrechts, 4. Aufl., Mainz 1875.

Volk, Otto: Der Anspruch des früheren Besitzers aus § 1007 BGB mit besonderer Rücksicht auf die Verteilung der Behauptungs- und Beweislast, Jena 1903.

Vorbeck, Hans: Ein Vergleich zwischen § 556 Abs. 3 (§ 604 Abs. 4) und § 1007 BGB, Rostock 1930.

Wächter, Carl Georg von: Pandekten
— 1. Band, Allgemeiner Theil, Leipzig 1880.
— 2. Band, Besonderer Theil, Leipzig 1881.

Wening-Ingenheim, J.N.: Lehrbuch des Gemeinen Cilvilrechtes, 1. Band, 5. Aufl., München 1837.

Wendt, Otto: Lehrbuch der Pandekten, Jena 1888.

— Über die Beweislast bei der rei vindicatio, AcP 76 (1890), 397.

Westermann, Harry: Sachenrecht, 5. Aufl., Karlsruhe 1966.

— Rezension zu Gerhard Dulckeit: Die Verdinglichung obligatorischer Rechte, AcP 152 (1952/53), S. 93.

Windscheid, Bernhard: Lehrbuch des Pandektenrechts, 1. Band, 9. Aufl., Frankfurt a.M. 1906.

— Die Actio des römischen Civilrechts vom Standpunkt des heutigen Rechts, Düsseldorf 1856.

Wolf, Ernst: Lehrbuch des Sachenrechts, 2. Aufl., Köln, Bonn, Berlin, München 1976.

Wolff, Martin: Das Recht zum Besitz, Festgabe Richard Koch, S. 150, Berlin 1903.

— Sachenrecht, 9. Aufl., Tübingen 1932.

Wolff, Martin/*Raiser*, Ludwig: Sachenrecht, 10. Aufl., Tübingen 1957.

Ziebarth, Karl: Die Realexecution und die Obligation, Halle 1866.

Printed by Libri Plureos GmbH
in Hamburg, Germany